MW01148988

ÁLVARO GARCÍA DE
MOVELLÁN HERNAINZ

LAS APARICIONES DE LA VIRGEN EN MEDJUGORJE

HECHOS Y MENSAJE

LAS APARICIONES DE LA VIRGEN EN MEDJUGORJE
Álvaro García de Movellán Hernainz
Tercera edición (año 2023), revisada y aumentada

ISBN: 9781701776500
Independently published

Foto portada: Francisco Romero Sánchez
Maquetación y diseño de portada: Fernando J. Orihuela Simón
Maquetación y diseño del libro: Álvaro García de Movellán Hernainz
© Álvaro García de Movellán Hernainz, Octubre 2019 (Safe Creative)

Quedan rigurosamente prohibidas, sin la autorización
por escrito del titular del copyright, bajo las sanciones
establecidas por las leyes, la reproducción parcial o total
de esta obra por cualquier medio o procedimiento,
comprendidos la reprografía y el tratamiento informático,
y la distribución de ejemplares de esta edición mediante
alquiler o préstamos públicos.

Dedico este libro a la Santísima Virgen María,
Reina de la paz.

INTRODUCCIÓN

Medjugorje, pueblo desconocido de Yugoslavia (hoy pertenece a Bosnia Herzegovina) se ha convertido en un lugar al que acuden millones y millones de personas, a pesar de que allí no hay ningún tipo de atracción cultural, deportiva o artística. Desde 1981 hasta hoy un río incesante y cada vez mayor de hombres y mujeres desean con todo su corazón -y hacen todo lo posible por hacerlo- visitar este pueblo. Y eso que los accesos son bastante malos. Si quiere ir a Medjugorje prepárese a varias horas de carreteras incómodas.... Ni siquiera la guerra de los Balcanes comenzada en el año 1991, que afectó a toda la zona, detuvo las peregrinaciones...

¿Por qué tanto interés en este lugar? Desde 1981, supuestamente, la Santísima Virgen María se aparece allí. Así de simple. Así de complicado. Simple porque ese es el atractivo de Medjugorje. Complicado porque si es cierto todo lo que se dice que está pasando allí estamos ante una aparición de la Virgen como nunca antes había conocido el mundo.

Esto ha trasformado el lugar en un auténtico santuario mundial de oración y acercamiento a Dios. Son millones los que han ido y se han sentido, según sus propias palabras, sacudidos, trasformados, cambiados.... ¿un montaje? ¿un fraude? ¿un engaño del demonio?.

Hay muchos libros que informan de todos los detalles con multitud de circunstancias. En este libro , fruto de años de trabajo concienzudo, he preferido narrar de forma sencilla los maravillosos acontecimientos que están teniendo lugar en este perdido pueblo de Bosnia dándole especial relevancia al mensaje que se nos está ofreciendo desde allí.

Espero que su lectura te sea provechosa para encontrarte con tu Madre del Cielo y, a través de Ella, con el amor de Dios y su plan para tu vida.

P. Álvaro García de Movellán Hernainz

NOTA IMPORTANTE

Actualmente los dos mejores libros en español sobre Medjugorje son el del periodista Jesús García "Medjugorje" y el de la vidente Mirjana Soldo "Mi corazón triunfará". Este último es especialmente recomendable por tratarse del escrito de una de las personas a las que se le ha aparecido la Virgen. Es sin duda un libro fundamental.

Para el testimonio de los videntes, aparte de estos libros y de las palabras que he podido escucharles personalmente en mis distintos y numerosos viajes a Medjugorje, he usado sobre todo material recolectado en Medjugorje, imposible de encontrar en España.

Casi todos los testimonios del libro han sido sacados y trascritos de los maravillosos libros de Sor Enmanuel Maillard ("Medjugorje, el triunfo del Corazón", "El niño escondido de Medjugorje"... etc)

LAS APARICIONES DE MEDJUGORJE

HECHOS

1
"MIRA... ¡ES LA VIRGEN!"

Día 24 de Junio de 1981. Miércoles. Dos chicas, Ivanka (15 años) y Mirjana (16 años), están dando un paseo por la tarde. Ambas son de Medjugorje, pequeño pueblo de unas cuatrocientas familias que viven del duro trabajo de la tierra. Estaban pasando junto a la colina conocida con el nombre "Podbrdo". De repente Ivanka ve la imagen de una mujer bañada por una hermosa luz. Dicha mujer está en la colina, a más de quinientos metros de distancia de las dos chicas.

–¡Mirjana, mira! ¡Es la Virgen!.

–Vamos –dice la amiga sin siquiera mirar–¿por qué iba a aparecerse a nosotras la Virgen?.

Sin más comentarios siguieron caminando hacia sus casas. Pero Ivanka está intranquila: ella ha visto algo que la ha impresionado. Insiste tanto a su amiga que deciden volver otra vez al Podbrdo acompañadas por una nueva chica, Milka (13 años), que han encontrado a las puertas de sus casas. Cuando llegan las tres muchachas ven perfectamente la imagen de una mujer con un vestido que no era de la época. Parecía llevar en sus manos un niño al que tapaba con un manto. "Con su mano –recuerda Ivanka– nos invitaba a acercarnos".

Una cuarta chica, Vicka (17 años), pasó en aquellos momentos por allí. Sus amigas, emocionadas, le hicieron signos para que se acercara. Cuando Vicka escuchó que decían estar viendo a la Virgen echó a correr inmediatamente sin mirar para atrás. Al rato se paró y comenzó a llorar. ¿Cómo podían jugar y bromear con algo tan sagrado como es la Virgen?.

Vicka encontró a dos amigos suyos: Iván Ivankovic (20 años) e Iván Dragicevic (16 años). Les contó lo que le había pasado. Los tres decidieron acercarse al Podbrdo. El Iván más joven, el de los dieciséis años, estaba nervioso y antes de llegar huyó asustado. Vicka y el otro Iván vieron lo mismo que veían las tres chicas. La aparición no dijo nada. Solo hacía señas para que se acercaran. Ninguno lo hizo.

"Varios de nosotros –recuerda Ivanka–, con llanto y miedo, corrimos hacia la primera casa y contamos que habíamos visto a la Virgen. Me acuerdo que había manzanas en la mesa y comenzaron a tirárnoslas, diciendo que nos habíamos vuelto locos y que no jugáramos con esas cosas". Tenemos que saber que Yugoslavia, en aquel momento, era un país comunista, donde estaba prohibido hablar de religión. El comunismo tiene, entre sus ideas principales, la convicción de que la religión debe ser anulada y extirpada de las sociedades y los países. En los lugares donde el comunismo tomaba el control del gobierno la religión era perseguida, ridiculizada, atacada... La gente del pueblo, al oír a los chicos, tuvo miedo de las posibles reacciones de las autoridades comunistas. Si los niños hablaban públicamente de la fe podía haber consecuencias para ellos, sus familias y el pueblo, desde multas hasta pérdidas de trabajo e incluso cárcel. Los comunistas no se andaban con tonterías.

Aquella noche los jóvenes contaron en sus casas lo que había pasado. Sus familias les riñeron o se burlaron de ellos.

Estatua de la Virgen colocada en la colina de las apariciones (Podbrdo),
en el lugar donde se apareció.

2
EL GRUPO DE LOS SEIS VIDENTES

Al día siguiente, 25 de Junio de 1981, decidieron volver a la misma hora para comprobar si la misteriosa aparición se hacía nuevamente presente.

No todos lo hicieron. Iván Ivankovic (20 años) se fue a trabajar al campo. La madre de Milka tampoco permitió a su hija volver. Su hermana mayor, en cambio, Marija (17 años) y un primo suyo que estaba por allí, Jakov (10 años), no tuvieron inconvenientes en acompañar al resto de jóvenes. Algunas personas del pueblo, movidas por curiosidad y por el deseo de proteger a los niños, también decidieron ir. Otras en cambio se burlaban de lo que consideraban una niñería.

Era alrededor de las 18,40. Al llegar a la colina repentinamente los seis jóvenes vieron la aparición: la misma mujer, con mucha más claridad que el día anterior. Era bellísima. Estaba en la colina y les hacía señales para que se acercaran.

Los chicos, ante la sorpresa de los presentes, comenzaron a subir la colina a una velocidad asombrosa. La gente del pueblo que les acompañaba quedó admirada: ¡cómo podían subir de forma tan rápida por aquel terreno tan complicado para caminar!.

Hoy día el camino que sube por el Podbrdo hasta el lugar donde se apareció la Virgen está bastante limpio debido a las millones de pisadas que año tras año han ido desgastando el terreno. Pero entonces era distinto. Sólo los que han visto el lugar pueden entender lo extraordinario de este hecho: el Podbrdo está formado a base de piedras cortantes y ramas espinosas que no dejan ni un claro en todo el terreno. La gran mayoría del monte está así . ¡De ahí la admiración que supuso en los testigos ver como los jóvenes prácticamente corrían, sin tropezar ni caer, por entre las zarzas, el musgo resbaladizo y las piedras cortantes! Ni el más experto escalador o aventurero podría haber seguido sus pasos. "Se tarda por lo menos doce minutos en subir allí arriba –dirá un testigo– y, sin embargo, los niños subieron en dos minutos. Ver esto me aterrorizó".

Los jóvenes, por su parte, eran llevados por una fuerza superior. Mirjana recuerda: "Los curiosos que estaban más abajo se quedaron desconcertados al vernos subir por la empinada cuesta a una velocidad imposible, avanzando sin esfuerzos entre rocas y espinos. Algunas personas intentaron seguirnos, pero no podían mantener el ritmo. Yo era una chica de ciudad [1] y no era particularmente atlética, pero me sentía lígera. Era como si sencillamente me deslizara –o como si algo me trasportara– al lugar donde estaba la mujer".

Al llegar al sitio donde les esperaba la hermosa mujer los seis chicos cayeron de rodillas. Cuando el resto de personas llegaron (bastantes minutos más tarde) vieron a

---

[1] Mirjana dice eso porque en aquel entonces vivía en la ciudad, en Sarajevo, a causa de los estudios. De hecho estaba en Medjugorje porque era verano y en ese período volvía al pueblo.

los jóvenes de rodillas, totalmente fijos sus ojos en algo invisible. Por más que les hablaban, gritaban e incluso empujaban los chicos no se inmutaban. Intentaron moverlos pero los jóvenes permanecían rígidos. Sus cuerpos parecían haber cobrado un peso desproporcionado para unos adolescentes. Jakov se había arrodillado sobre unas zarzas y Marija sobre un panal de avispas: pero al levantarse no tenían ni un arañazo, ni una picadura....

Los jóvenes comentaron después sus impresiones. Aquella mujer, en expresión de Ivanka, los miraba con "mirada tierna, cálida.... El amor maternal, la paz y la seguridad que sentimos fueron increíbles; imposible de describir con palabras. En ese momento estuve segura de que delante de mí se encontraba la Madre de Dios".

Precisamente Ivanka fue la primera que habló con la aparición. Tras rezar un rato con aquella hermosa Señora Ivanka se atrevió a preguntar por su madre (hacía tan sólo dos meses que había muerto) pidiendo poder verla. La Señora le contestó que la vería, pero no en ese momento sino más adelante, y que no se preocupase puesto que su madre estaba con Ella.

La voz de la Virgen era como una melodía. Parecía música. Los jóvenes dijeron que no es posible compararla con ningún timbre de voz humano. Uno de los chicos, recuerda Mirjana, "le preguntó si volvería al día siguiente y ella asintió amablemente. En este primer encuentro se habló poco. Parecía que el propósito era que todos se sintieran cómodos para lo que se convertiría en un hecho regular".

La aparición duró entre 10 y 15 minutos aunque a los videntes les pareció mucho más tiempo. Se sorprendieron cuando después los testigos les dijeron que les veían mover los labios pero no escuchaban su voz (salvo cuando rezaban). Los chicos, en cambio, sí habían podido oír sus propias voces en todo momento.

Cuando la Virgen se marchó los jóvenes tardaron un rato en acostumbrarse a volver a este mundo. "Los curiosos nos acribillaron a preguntas mientras bajábamos por la colina –cuenta Mirjana–, pero estábamos demasiado aturdidos para dar respuestas detalladas. Juntos habíamos experimentado algo extraordinario... un destello de lo divino y un encuentro con la Madre de Dios y, sin embargo, para cada uno de nosotros el encuentro había sido íntimo y personal".

Aquella tarde la noticia se divulgó por todo el pueblo: algo sobrenatural estaba pasando. La velocidad con la que los chicos habían subido el difícil terreno del Podbrdo y su actitud durante la aparición eran inexplicables para los que habían presenciado ambos fenómenos. La gente empezó a querer saber más del asunto. El grupo de videntes, desde ese día 25 de Junio, quedó constituido por los seis jóvenes que habían estado allí y la habían visto: Ivanka, Mirjana, Vicka, Marija, Iván y Jakov. El día 25 de Junio se celebra el aniversario de las apariciones todos los años [2].

---

[2] Algunas personas se han preguntado: "Si la Virgen se apareció por primera vez el día 24 de Junio, ¿por qué se celebra el aniversario el día 25?". A esto responde la vidente Ivanka: "El primer día de la aparición nos asustamos y nos escapamos, así que realmente el primer día de nuestro encuentro con Nuestra Señora fue el día 25. La misma Virgen María nos dijo que el aniversario se celebre el 25 de junio"

Milka y el otro Iván, que la habían visto el día anterior y acudieron otros días a la colina junto con el resto de jóvenes, nunca más volvieron a tener la aparición [3].

Iván, Marija, Jakov, Vicka e Ivanka en el Podbrdo

[3] Tanto Ivan como Milka han mantenido siempre la realidad de lo que vieron el día 24 de junio. Incluso Ivan fue encarcelado por las autoridades comunistas al sostener tal testimonio.

3
UN POCO DE AGUA BENDITA

Al día siguiente, viernes 26 de Junio, una cantidad de gente considerable, venida incluso de localidades cercanas, se reunió por la tarde en el Podbrdo para asistir a la supuesta aparición.

Los chicos, sobre las 18,40, fueron nuevamente al encuentro con la Virgen. De nuevo subieron la colina a una velocidad increíble. Allí estaba la bella Señora. Era hermosa y radiante. La abuela de Vicka le había dado una botella con agua bendita por si aquello era algo maligno. Cuando la imagen apareció Vicka la roció con el agua diciendo:

–Si eres la Virgen, quédate con nosotros. Si no lo eres, aléjate de nosotros.

La mujer sonrió. Y cuánta más agua le echaba más sonreía hasta que finalmente el agua se acabó.

Animados y confiados los videntes se atrevieron a hablar con ella. Le preguntaron por su nombre a lo que la aparición contestó:

–*Yo soy la Bienaventurada Virgen María.*

La aparición duró cerca de media hora. Cuando terminó, mientras los chicos bajaban de la colina, Marija, repentinamente, se apartó de ellos corriendo y se dirigió a un lugar aparte. Allí volvió a ver a la Virgen, esta vez vestida de negro y llevando un gran crucifijo de color oscuro en las manos. Le dijo:

–*¡Paz, paz, paz y sólo paz!*

Y llorando, repitió por dos veces:

–*La paz debe reinar entre Dios y el hombre, y entre los hombres.*

Era el primer mensaje que daba la Virgen.

Foto de la cruz colocada donde Marija, el 26 de Junio de 1981, recibió el primer mensaje de la Virgen. Está en la subida del Podbrdo, unos metros antes del lugar de la primera aparición.

4
COMIENZAN LAS PERSECUCIONES

A pesar de que tan sólo habían pasado tres días el interés por el suceso empezó a extenderse por todas partes. Pero Yugoslavia era un país comunista y por lo mismo oficialmente ateo. Aquel despertar religioso no gustó a las autoridades.

El sábado 27 de Junio, cuarto día de las apariciones, antes de que éstas tuvieran lugar, un policía se presentó donde los videntes y los llevó a la comisaría de la ciudad vecina, Citluk, a cinco kilómetros de Medjugorje. "La policía nos interrogó y nos acusó de mentir –recuerda Mirjana –. Cuando insistimos en que decíamos la verdad, nos gritaron y nos imprecaron. Era la primera vez que oía un lenguaje tan vulgar". Para los chicos aquella experiencia fue bastante desagradable. Poco podían sospechar que estos terribles interrogatorios se iban a convertir en algo habitual.

Finalmente les dejaron marcharse y pudieron acudir a la aparición. Unas mil personas se habían reunido ese tarde en el Podbrdo. Este día los chicos no corrieron a esa velocidad imposible hasta el lugar de la aparición sino que fueron andando normalmente, con la dificultad propia del terreno y del gentío que apenas les dejaban caminar. El fenómeno de correr de forma extraordinaria no volvió a repetirse.

En esta ocasión algunos de los videntes, cansados de que tanta gente les llamara mentirosos (y seguramente impactados por la dura experiencia vivida en la comisaria) pidieron a la Virgen que diera alguna señal para que la gente supiera que realmente Ella se aparecía. La Virgen les contestó:
–Siempre ha habido injusticias. No debéis tener miedo.
Les hizo entender que no debían prestar atención a esas cosas.

El domingo 28 de Junio, quinto día de las apariciones, las autoridades comunistas se asustaron de verdad: se presentaron en el Podbrdo ¡¡quince mil personas!! Había que cortar de raíz aquella renovación de la fe del pueblo.

El lunes 29 de Junio, sexto día de las apariciones, las autoridades comunistas actuaron. Primero con un nuevo y largo interrogatorio en la comisaria (más de cuatro horas), lleno de amenazas, insultos y malos modos. Los jóvenes se mantuvieron firmes en declarar que decían la verdad. Luego los llevaron a una clínica donde una pediatra local los examinó. Por último los llevaron al hospital de Mostar donde, tras hacerles esperar en la morgue (con los cadáveres) y en la sala psiquiátrica (con los locos) les obligaron a ser examinados por médicos.

Fue desagradable: querían saber si fumaban, tomaban drogas, etc.... No pudieron encontrar nada de esto. Luego intentaron hacerlos pasar por histéricos. Pero los jóvenes demostraron ser sanos y normales. Tanto que la doctora Dzudza, jefa del servicio de Neuropsiquiatría, musulmana, tras examinarlos concienzudamente, en honor de la verdad tuvo que decir:

–Están sanos. Los muchachos no están locos. Está loco quién los trajo aquí.

Un médico preguntó al pequeño Jakov:

–¿Has visto tú a la Virgen?

–Sí

–¿Qué harías por Ella?

–¡Moriría por Ella!

El médico se negó a hacer más preguntas y comentó a sus colegas que aquella respuesta era totalmente impropia de un niño de esa edad. Allí, sin duda, estaba ocurriendo algo de orden superior [4].

Por la tarde, durante la aparición, un hombre llevó a su hijo paralítico de tres años, sin posibilidad de andar, para pedir su curación. Aquella misma noche el niño empezó a andar y a hablar. Ocurrieron otras curaciones físicas estos días de las cuales la parroquia de Medjugorje tiene constancia y documentación.

Las autoridades comunistas, a pesar del fracaso de los exámenes médicos, no se dieron por vencidos. Al día siguiente, martes 30 de Junio, séptimo día de las apariciones, dos mujeres del lugar, siguiendo instrucciones del gobierno, trataron de impedir que los videntes fueran a la colina a tener la aparición. Con la excusa de darles un paseo y evitar así que la policía secreta los encontrara (pues habían asustado a los niños con esa posibilidad) los subieron en un coche y los alejaron del lugar.

Cuando llegaba la hora de la aparición los chicos se dieron cuenta del engaño: ¡estaban demasiado lejos del Podbrdo para llegar a tiempo! Pidieron detener el coche. Se bajaron de él y allí mismo, en la cuneta de la carretera, se pusieron de rodillas mirando al Podbrdo y a la gente allí reunida. Les entró remordimiento: ¿cómo se habían dejado engañar? Deberían estar allí. Empezaron a rezar.

De pronto una de las mujeres, apuntando al Podbrdo, dijo a la otra:

–¿Ves aquello?

–Dios mío –exclamó la compañera– ¿Qué es eso?

–Una especie de neblina...

–O como una luz.

"Miré hacia la colina –recuerda Mirjana– vi una figura brillante en el aire encima de toda la gente. –Es ella– dijo Vicka. La tristeza me invadió. Nuestra Señora y miles de fieles

---

[4] En una peregrinación que hice a Medjugorje en el año 2017 conocí a una persona de Mostar que tenía acceso a la doctora Dzudza (todavía viva). Me dijo que esta doctora había dicho hacía poco que estaría dispuesta a testificar, ante quien fuera necesario, lo que ella constató con total certeza en 1981 al examinar a los jóvenes: eran totalmente normales.

peregrinos estaban esperándonos en la colina y nosotros estábamos atrapados a un lado de una carretera. ¿Cómo habíamos podido dejar que esto sucediera?. Pero entonces la luz comenzó a deslizarse hacia nosotros. A medida que se acercaba, pudimos ver a Nuestra Señora dentro de ella.

–¡Está acercándose!– gritó Ivanka.

En cuanto llego dónde estábamos nosotros Nuestra Señora dijo:

-*Alabado sea Jesús*".

Los videntes quedaron sorprendidos: pensaban que sólo en la colina podían encontrarse con la Virgen. No sospechaban que podía ocurrir en otros lugares. Las dos mujeres fueron interrogadas y confirmaron los extraños signos que habían visto. Una de ellas comunicó a sus superiores que no quería colaborar más con ellos.

Vicka, Ivanka, Jakov, Marija e Iván.
En medio de las persecuciones del gobierno en los primeros días
supieron perdonar y mantener la paz y la alegría en su interior

5
EL EJÉRCITO INTERVIENE

Desde ese séptimo día los acontecimientos fueron sucediendo más o menos de la misma manera todos los días: a las 18,40 los jóvenes subían al Podbrdo y tenían la aparición. Cada vez venía más gente.

El día 2 de Julio los videntes, tras la aparición, fueron a la Iglesia y tras la Santa Misa estuvieron rezando con la gente.

La noticia sobre las apariciones se difundió por toda Yugoslavia a través de la televisión, la radio y los periódicos. Lógicamente el gobierno había dado consignas claras a los medios de comunicación sobre cómo tratar el tema: engaño, ilusión, fanatismo religioso... He aquí un titular de aquella época: "Seis palurdos inventan visiones sobre María". Por estas palabras podemos entender la información manipulada que ofrecían estos medios sobre las apariciones.

"Las autoridades –cuenta Mirjana– organizaron una reunión de la comunidad en la escuela primaria y llamaron a nuestros padres y familiares para que participaran en ella. Dijeron que si los disparates no se detenían, seríamos expulsados del colegio y encerrados en una institución para enfermos mentales, y que nuestros padres perderían sus trabajos y pasaportes. La policía arrestó al vecino de Vicka, Ivan, porque durante la reunión se levantó para defendernos. Estuvo dos meses en la carcel".

Aún así la gente seguía acudiendo a la colina, los videntes se mantenían firmes en decir que veían a Nuestra Señora, la fe iba creciendo entre las personas que visitaban el lugar... Seguía habiendo signos milagrosos: el 2 de Agosto muchas personas que estaban frente a la parroquia de Medjugorje, justo en la hora de la aparición, vieron como el sol en el cielo empezó a balancearse de un lado hacía otro (fenómeno ocurrido en Fátima y llamado popularmente "la danza del sol"). En otras localidades cercanas también pudo verse. Al final un rayo de luz salió del sol en dirección al lugar de las apariciones.

En Belgrado, capital de Yugoslavia, los comunistas empezaron a temer perder el control del fenómeno. Se acabaron las contemplaciones. Era el momento de demostrar el poder del régimen.

Las autoridades prohibieron a los jóvenes y a los demás acudir al Podbrdo. Esta vez no eran simples amenazas. El 12 de Agosto de 1981, mes y medio después de empezar las apariciones, el ejército entró en escena. Ese día Medjugorje se vio invadida por helicópteros, camiones de soldados, controles de carretera, agentes con perros patrullando por la colina…. Una escena de película.

Muchas personas fueron detenidas por la policía y algunas incluso encarceladas por defender las apariciones. Fueron días muy duros para todos, especialmente para los videntes y sus familias. La tensión era continua. Los interrogatorios eran muchísimo más duros. Mirjana cuenta como en uno de ellos el federal le gritaba una y otra vez para que negara la verdad de las apariciones:

–¡Confiesa!

–Solo me confieso con mi sacerdote –respondió la chica.

–¡Admite que no ves a Nuestra Señora!

–Pero la veo.

El federal sacó entonces la pistola de su funda y la puso en la mesa. Aquello era serio.

–Se acabó el tiempo. Dime inmediatamente la verdad.

"A pesar del arma mortal que había en la mesa –recuerda la vidente–, sentí una extraña calma. Después de ver a la Virgen y de experimentar el Cielo, era casi imposible temer a nada".

–La verdad es que veo a Nuestra Señora y estoy deseando morir por ella.

El federal dio un golpe en la mesa, cogió la pistola y salió enfurecido de la estancia [5].

Con todo el ejército controlando el pueblo, las casas y las carreteras, podría pensarse que el fenómeno se interrumpiría. Y sin embargo la gente seguía viniendo de todas partes, desafiando al ejército.

¿Qué ocurrió con las apariciones al prohibirles a los videntes subir al Podbrdo?. Todos daban por hecho, incluidos los videntes, que las apariciones sólo podían tener lugar en el Podbrdo (aunque el séptimo día la aparición en la cuneta de la carretera daba a entender lo contrario). El último día que los jóvenes pudieron acudir a la colina muchas personas esperaban algún mensaje final especial de la Virgen pues realmente se pensaba (incluidos videntes) que era la última vez que la Virgen venía, el final de las apariciones. No hubo nada de eso. La aparición transcurrió de forma sencilla, como todos los días. Los videntes también estaban sorprendidos. ¿La Virgen no se iba a despedir?.

Al día siguiente, a las 18,40, los jóvenes pudieron comprobar, con gran sorpresa, que la Virgen se les apareció en el lugar donde estaban –¡su misma casa!–, individualmente, aunque no estuvieran juntos. Ese día comprendieron que la aparición sucedería todos los días, estuvieran donde estuvieran, solos o acompañados.

La Virgen no decía cuánto tiempo más iba a estar apareciéndose. Un día los chicos se atrevieron a preguntarle:

–¿Cuánto tiempo más vas a estar apareciéndote?

La Virgen contestó:

–¿Ya se cansaron de Mí?

Nunca jamás han vuelto a hacerle dicha pregunta.

---

[5] Años más tarde muchos de estos policías fueron a ver a los videntes para pedirles perdón por lo mal que los habían tratado. Mirjana nos cuenta en su libro del año 2016 que no hacía mucho había ido a pedirle perdón uno de estos policías. Le trajo una grabación del interrogatorio que le hizo en 1981 (a Mirjana le sorprendió escucharse a sí misma de adolescente). "Fue verte sin miedo –le dijo el viejo policía– lo que me convenció que estabas diciendo la verdad".

6
¿CÓMO SE DESARROLLA UNA APARICIÓN?

Según el testimonio de los videntes la Virgen se les aparece todos los días a las 18:40, estén donde estén, acompañados o solos (actualmente en Medjugorje suena en ese momento una leve música para recordar que está teniendo lugar la aparición). Un momento antes de aparecerse ven una luz por tres veces. Es como un aviso. Luego se arrodillan. La Virgen siempre comienza diciéndoles:

–*Alabado sea Jesucristo.*

A lo que los videntes responden:

–Sean por siempre alabados Jesús y María.

En ese momento pierden por completo la percepción del lugar donde están. "Cuando viene la Virgen –explica Vicka–, ya no hay tiempo ni espacio. Puede haber muchas personas a nuestro alrededor, pero no podemos verlas ni escucharlas. Estamos enfocados solo en la Madre de Dios y todo lo demás es irrelevante".

Si la Virgen permanece en silencio, los videntes aprovechan para presentarle todas las peticiones que las personas les han encomendado. Pero si la Virgen empieza a decir algo, o un mensaje, los videntes callan y escuchan. Cuando la Virgen considera que ya no deben seguir presentándole peticiones se pone a rezar (generalmente el Padrenuestro y el Gloria). Es su manera de decir: "basta". La Virgen nunca reza el "Avemaría" (lógico: no se reza a Ella misma).

Los videntes describen a la Virgen hermosísima, de una belleza celestial. Al mismo tiempo la sienten muy cercana, como su verdadera madre, que se preocupa por ellos y los va guiando para hacerlos madurar en su vida cristiana. Así cuenta Jakov su impresión después de ver a la Virgen por primera vez: "Su mirada reflejaba un amor inmenso y cuando sentí ese amor y sentí que Ella es mi verdadera Madre, viví algo especial... en el fondo de mi ser sentí que mi vida realmente comenzaba".

La Virgen aparenta tener unos dieciochos o veinte años. Es muy hermosa. Sus ojos son azules y su pelo negro. Lleva un vestido gris largo con un velo blanco sobre la cabeza. Los pies siempre reposan sobre una nube que los oculta. Alrededor de su cabeza pueden verse, siempre, doce estrellas que no están unidas entre sí, semejantes a las estrellas naturales, como las que se ven en el cielo por la noche. Hay una hermosa luz que envuelve a la Virgen. Siempre lleva un traje gris salvo en días solemnes (Navidad, Resurrección...) que se aparece vestida de un traje color oro.

Los videntes insisten en que es muy difícil describir a la Virgen. Sobre todo por lo que trasmite su presencia maternal. El vidente Ivan dice: "Es imposible describir su amor, su sonrisa, su calidez, su dulzura. Describir el amor con el que nos ama, simplemente es imposible".

La Virgen tiene una voz dulce, juvenil, como si fuera un canto. A veces sonríe, otras veces ríe. Pero también se pone seria. Según los videntes a veces habla con tanta seriedad o de un asunto tan importante que quisieran encontrar un agujero para esconderse.

Su mirada es profunda. Cuando los videntes han tenido algún fallo o se han equivocado en algo la Virgen no necesita decírselo con palabras. Su mirada basta. Ellos lo perciben inmediatamente. Jakov, para expresar esa profundidad, llegó una vez a decir: "Cuando la Virgen me mira, no ve sólo aquello que hay en mi corazón, sino incluso lo que hay en los dedos pequeños de mis pies".

Al irse los bendice haciendo la señal de la cruz y les dice:

−*Vayan en paz.*

Los seis videntes en el momento de la aparición.
De izquierda a derecha: Vicka, Jakov, Mirjana, Ivanka, Marija e Iván

7
DUDAS Y TEMORES DEL PÁRROCO

Cuando empezaron los acontecimientos el párroco de Medjugorje era el padre fray Jozo Zovko, perteneciente a la orden religiosa de los franciscanos. Era un sacerdote muy piadoso y con mucho celo por atraer las almas a Dios. Había sido trasladado a Medjugorje desde una parroquia más grande y más importante porque el régimen comunista no veía con buenos ojos la actividad que realizaba con los jóvenes, a los que ayudaba mucho en su camino de fe [6].

El 24 de Junio (día de la primera aparición) no estaba en la parroquia. Había ido cerca de Zagreb a dar unos ejercicios espirituales. La noche anterior había caído un rayo en unas torres eléctricas de Medjugorje y el pueblo había quedado incomunicado. Los teléfonos quedaron inutilizados. ¡Se había aparecido la Virgen y no se podía llamar para dar la noticia!. El padre Jozo no supo nada hasta su vuelta.

Llegó el 26, día de la tercera aparición. Inmediatamente se le acercaron personas de la parroquia:

–¿Dónde estaba? ¡Aquí se apareció la Virgen a seis muchachos!

Padre Jozo pensó: "Dios mío, ¿pero qué pasa ahora? ¿qué dicen?". Le contaron el caso. Él no hacía sino preguntar:

–Pero, ¿quiénes son esos niños? ¿De dónde han salido esos niños?

"Mientras me intentaban contar todo en la puerta de la casa parroquial –recuerda el sacerdote–, llegó un pequeño autobús del que salieron esos seis pequeños. Se acercaron a mí y me empezaron a abrazar y a besar. Yo estaba como bloqueado, no sabía reaccionar, así que entramos en la casa parroquial y empezamos a hablar".

El sacerdote no creyó la historia. Es más: incluso sospechó que detrás de todo aquello había algo peligroso. ¿No era extraño que la policía comunista, tan contraria a las manifestaciones de fe, no hubiera intervenido cortando aquellos supuestos fenómenos? (aún no se había prohibido subir al Podbrdo). "Pensaba –dirá más tarde– que los comunistas habían aprovechado mi ausencia para organizar cualquier cosa y manipular a la gente". Si él apoyaba aquello y luego resultaba ser un fraude su sacerdocio quedaría comprometido para siempre.

Por otra parte se enteró de que dos de las supuestas videntes (Mirjana e Ivanka) vivían, a causa de los estudios, en la ciudad (Sarajevo y Mostar). ¿Y si en este asunto estaba

---

[6] El Padre Jozo había sido párroco en Posusje, parroquia grande e importante. Las autoridades comunistas no estaban contentas con él: su actividad catequética, especialmente con los jóvenes, era notable. También organizaba reuniones mensuales con los padres de los chicos para ayudarles a que la fe no se viviera únicamente en el ámbito privado de la casa o la Iglesia (que es lo que pretendía el gobierno comunista) sino que tuviera presencia en la sociedad y en la vida pública de las personas. El gobierno comunista presionó a las autoridades religiosas y consiguieron que fuera trasladado a Medjugorje, parroquia pequeña, con poca gente joven, donde podía tener menos influencia.

metida de por medio la droga?. Padre Jozo estaba especialmente preocupado por los efectos devastadores que la droga causaba en los jóvenes. Hacía poco había hecho un estudio sobre el tema. ¿Y si estas dos chicas habían entrado en contacto con vendedores y querían introducir droga en el pueblo? ¿Y si aquellas apariciones eran efecto de una alucinación provocada por las drogas que después habían decidido continuar por temor a decir la verdad?.

Con estas dudas y temores interrogó personalmente, uno a uno, a los seis videntes. Su impresión fue buena. Los chicos le parecieron normales, sanos y equilibrados, no propensos al histerismo. Se tranquilizó en cuanto al tema de las drogas al hablar con Mirjana e Ivanka. Era claro que aquellas chicas no estaban metidas en esas movidas.

De todos modos no acababa de creer que hubieran visto a la Santísima Virgen María.

Por prudencia quiso advertir a los parroquianos. Le parecía que por ahora era oportuno no acudir al Podbrdo. Les dirigió la palabra en la Iglesia: les dijo que había que orar con la intención de que Dios los iluminara para discernir si aquellos hechos eran divinos o no. Luego pidió que no fueran a la colina (pensaba que iban por curiosidad). Ellos, a pesar de la petición de su párroco, subieron igualmente al Podbrdo y lo dejaron solo en la Iglesia.

Fue un momento muy duro para el sacerdote. No dejaba de preguntarse: "Si realmente la Virgen se aparece, si realmente aquellas personas quieren encontrarse con Dios, ¿por qué no lo buscan donde realmente se encuentra, en la Santa Misa? ¿Por qué buscan a Dios en una montaña y no en la Iglesia? ¿Por qué ninguna de esas personas pide confesar?"....

Para colmo el Obispo del lugar, Monseñor Pavao Zanic, fue a conocer a los jóvenes e interrogarlos y, tras una hora con ellos, quedó plenamente convencido de la verdad de las apariciones. Al padre Jozo le pareció demasiado imprudente que el Obispo aceptara tan rápido la sobrenaturalidad del fenómeno. ¿No había que ser más cauteloso?. Él, desde luego, no lo veía tan claro...

8
"¡SAL Y PON A SALVO A LOS JÓVENES!"

Las dudas, las angustias y los temores sumieron al padre Jozo en una situación complicada. Estaba triste, pensativo…. No podía rezar con la devoción con la que solía hacerlo. Estaba intranquilo. Sentía sobre sus espaldas el peso de la responsabilidad. Cuando hablaba con los videntes notaba su alegría y felicidad. Él, en cambio, cada día estaba más triste. ¡No podía percibir si aquello era obra de Dios, obra del demonio o un engaño humano!

Un día, estando solo en la Iglesia, empezó a hacer oración con su libro de oraciones y su Biblia. Pedía a Dios con insistencia que le iluminara y le guiara en medio de tanta incertidumbre. Justo cuando terminó su oración escuchó con claridad una voz que le dijo:

—¡Sal y pon a salvo a los jóvenes!

Inmediatamente se puso en pie. No había nadie. Se arrodilló ante el sagrario y se dirigió, desconcertado, a la puerta de la Iglesia. La abrió y salió. En ese instante aparecieron los seis videntes, corriendo y llorando, y se abalanzaron a sus brazos:

—¡Ayúdenos, padre! ¡La policía nos persigue!

Sin perder tiempo los llevó a la rectoría y los encerró bajo llave, pidiéndoles que no hicieran ruido. Luego salió fuera. Llegaron tres policías corriendo:

—¿Ha visto a los jóvenes?

—Sí, los he visto…

Pero ellos, sin hacerle caso, siguieron corriendo con más velocidad hacia las casas de los muchachos.

Aquel día los chicos tuvieron la aparición en la casa parroquial. Desde ese momento las dudas del padre Jozo empezaron a disiparse. Quizás todo aquello fuera real y los jóvenes de verdad vieran a la Virgen. Permitió que los jóvenes tuvieran la aparición en una sala de la Iglesia. No estaba convencido del todo de la realidad de las apariciones pero su corazón empezaba a estar más abierto, más receptivo…

9
"¡RECEN EL ROSARIO, RÉCENLO JUNTOS!"

Algo estaba cambiado en el pueblo y en la parroquia: cada vez más gente venía a la Iglesia. Poco a poco, sin que el párroco hiciera nada, las personas comenzaron a interesarse por Dios y por los sacramentos. Incluso se tuvo que poner una Misa por las tardes, justo después de la aparición, a las 19,00, que prácticamente llenaba la Iglesia. Padre Jozo vio con satisfacción que aquellos acontecimientos ayudaban a las personas a madurar su fe y a encontrarse con Dios.

Los videntes seguían siendo muy perseguidos. Pusieron un guardia siempre situado delante de la puerta de sus casas para impedirles salir y compartir los mensajes de la Virgen. Pero los niños no tuvieron miedo. Vicka subía a la terraza de su casa y desde allí gritaba con voz alta los mensajes. Algunos de los guardias que estaban presentes fueron reasignados a otros lugares pues las palabras de la chica tocaban con fuerza sus corazones.

En una ocasión la Virgen le encargó al pequeño Jakov dar un mensaje a los parroquianos. Jakov se dirigió al padre Jozo y le dijo que tenia que dar un mensaje de parte de la Virgen. El sacerdote dudó, pero finalmente lo permitió. Jakov simplemente dijo:

–¡Recen el Rosario, récenlo juntos!.

En la Iglesia se hizo un silencio total. Luego, algunos empezaron a llorar e inmediatamente comenzó a rezarse un Rosario. El padre Jozo estaba admirado: él había hablado a sus parroquianos de la importancia del Rosario. Había dedicado varias homilías a hablar de esta oración, sacando magníficos textos de santos y autores importantes para apoyar sus palabras. No había conseguido mucho. Y sin embargo aquel niño de diez años, con unas simples palabras, lograba que todos a la vez comenzasen a rezar el Rosario.

El rezo del Rosario en la parroquia con la presencia de los videntes se convirtió en algo habitual. Y entonces ocurrió: durante el rezo, un día, el Padre Jozo repentinamente también la vio. Vio a la Virgen tal y como la veían los chicos.

Muchos se dieron cuenta de que algo extraordinario le ocurría pues lo vieron extático, dejando de rezar, mirando fijamente un punto sobre el tercer banco. Luego, llevado por la alegría, empezó a cantar un hermoso canto a María.

"¿Cómo describir a la que está llena de luz, llena de gracia? –dirá más tarde– . Está llena de una alegría maternal, llena de bendición. Ella es una madre que está llena de belleza, de hermosura y de admiración. Su sola presencia invita a la oración. Su sola presencia invita a que todos los días oremos juntos y con el corazón".

Desde aquel momento las dudas desaparecieron y se convirtió en un partidario convencido de las apariciones. Él, que antes se extrañaba de que aquello no acercara a la gente a la Iglesia, ahora celebraba una Misa diaria por la tarde rodeado de una multitud de personas cada vez más numerosa. Las confesiones empezaron pronto: cada vez más y más gente pedía confesarse. Tuvieron que venir otros sacerdotes de pueblos cercanos para atender a las demandas. Ya no había duda: aquello era obra de Dios y de la Virgen.

Entonces se establecieron los fundamentos de lo que más tarde se ha conocido como programa vespertino: rezo del santo Rosario comunitario seguido por la celebración de la Santa Misa.

El padre Jozo Zovko.
Algunos lo llaman "el séptimo vidente",
porque también vio a la Virgen

10
ENCARCELADO

La nueva actitud del padre Jozo le costó cara. Las autoridades comunistas, viendo su escepticismo inicial, creían que iba a ayudar a acabar con las apariciones. Cuando fueron conscientes de que las alentaba y protegía decidieron darle un escarmiento. Le hicieron la vida imposible todo lo que pudieron y más. Confeccionaron escritos en su contra, empezaron a llamarlo todos los días para que fuese al ayuntamiento o a la policía a constantes interrogatorios que nunca acababan en nada y que impedían llevar su labor sacerdotal de modo normal. Le dieron a entender que tendría que cerrar la parroquia, pero él se negó.

Finalmente el 17 de Agosto fueron a la casa parroquial y lo detuvieron con malos modos, arrancándole el hábito religioso. Lo llevaron a una cárcel en Mostar donde le esperaba la policía secreta. Le hicieron un terrible interrogatorio maltratándolo duramente. Ese mismo día entraron en la casa parroquial y lo confiscaron todo: papeles, fotos y grabaciones que existían sobre el fenómeno hasta ese momento. Todo se lo llevaron.

La encarcelación del párroco fue un golpe muy duro para la parroquia y para los videntes, que por fin habían encontrado en el Padre Jozo una ayuda espiritual muy importante. Pero la Virgen los consoló. A Vicka le dijo:

–*Él vive santamente esta prueba* (Es decir: se mantenía fiel y perdonaba de corazón a sus enemigos).

El Padre Jozo permaneció dieciocho meses en la cárcel, en condiciones durísimas. Fue golpeado, torturado y Dios sabe cuantas cosas más. Él nunca habla de eso. Dice que ha perdonado. Además: fue un momento de mucha gracia pues su ejemplo hizo que muchos presos que llevaban años sin confesarse lo hicieran. Incluso algunos de sus guardias acabaron convirtiéndose a la fe y renegando del comunismo.

Padre Jozo ha comentado que durante su estancia en la cárcel volvió a ver a la Virgen en una aparición particular. Asimismo se comenta (por parte de los guardias que lo custodiaron) que su celda se abría milagrosamente y que no eran capaces de cerrarla. Él nunca aprovechó tal circunstancia para intentar escapar. Se vieron también luces misteriosas en esa celda.

Al ser liberado se vio prudente que no volviera a Medjugorje. Se le envió a un pueblo cercano. Desde allí siguió muy unido a los acontecimientos y era tradicional que los peregrinos fueran a visitarlo. Dios lo ha favorecido con carismas especiales.

Los videntes pidieron a la Virgen que alcanzara para la parroquia la gracia de que siempre tuviera buenos sacerdotes. La Virgen les dijo que la gracia había sido alcanzada. Verdaderamente desde el Padre Jozo en adelante Medjugorje ha contado con párrocos excepcionales.

El padre Jozo con los videntes.

11

LOS DIEZ SECRETOS

Los videntes seguían sufriendo muchísimo: interrogatorios, amenazas, insultos... como ya hemos dicho el gobierno comunista no se andaba con chiquitas. Los jóvenes, además, se dieron cuenta de que la Virgen, en su aparición diaria, les daba a entender que en estos asuntos el ser videntes no les iba a suponer ningún privilegio. Tendrían que encontrar la fuerza para seguir adelante en la oración y los sacramentos, como cualquier cristiano. Mirjana empezó a entenderlo el día que, por presiones del gobierno, fue expulsada del instituto. Ella misma dice: "Siempre había sido una estudiante muy aplicada, así que ser expulsada del instituto me dejó consternada y perpleja. ¿Me estaba poniendo Dios a prueba? ¿Era una penitencia por algo que había hecho mal?. Cada tarde, cuando me arrodillaba para esperar a Nuestra Señora, esperaba que me diera una respuesta o, al menos, algunas palabras de ánimo. –Ella sabe qué hacer, pensé, puede arreglarlo todo.– Pero cuando aparecía, no decía nada acerca de mis luchas interiores. Sólo a través de la oración entendí finalmente que yo no era diferente de cualquier otra persona que sufría. Nuestra Señora permanecía en silencio sobre mi situación por respeto a mi libre albedrío y por amor a *todos* sus hijos –los que la podían ver, como los que no la podían ver–. Me di cuenta que, como una buena madre, Nuestra Señora no tenía favoritos".

Pronto hubo una novedad: durante los primeros meses de apariciones la Virgen empezó a revelarles diez secretos que hablaban acerca de la humanidad y de ciertos sucesos relacionados con el futuro. Estos secretos se los fue revelando poco a poco, no de golpe.

Cuando la Virgen revelaba el décimo y último secreto dicho vidente dejaba de tener la aparición diaria (es decir: dejaba de ver a la Virgen todos los días).

La primera vidente en recibir los diez secretos fue Mirjana. El 23 de Diciembre de 1982, año y medio después de empezar las apariciones, la Virgen, en la aparición de ese día, hacia el final, la miró con ternura y le dijo:

–*El día de Navidad me apareceré a ti por última vez.*

"La aparición terminó y yo me quedé pasmada –cuenta Mirjana –. Había escuchado con claridad lo que había dicho, pero no podía creerlo". Pero era cierto. El 25 de Diciembre de 1982 la Virgen le reveló el décimo y último secreto. La aparición duró más de lo normal: 45 minutos. Luego le avisó de que no tendría más las apariciones diarias:

–*Ahora tienes que dirigirte a Dios con fe como cualquier otra persona.*

Le prometió que estaría siempre cerca de ella para ayudarla. Asimismo le encargó una misión con respecto a los diez secretos y le prometió que se le aparecería cada año el 18 de marzo durante el resto de su vida (el 18 de Marzo es el cumpleaños de Mirjana) [7]. También le dijo que tendría algunas apariciones adicionales.

Ivanka fue la segunda vidente en recibir los diez secretos. El 7 de Mayo de 1985 le fue revelado el décimo secreto y dejó de tener las apariciones diarias. Se le prometió que vería a la Virgen solamente el día 25 de Junio de cada año.

Jakov fue el tercero en recibir los diez secretos. El 12 de Septiembre de 1998 le fue revelado el décimo secreto y dejó de tener las apariciones diarias. Se le prometió que vería a la Virgen el día de Navidad de cada año (25 de Diciembre).

Los tres videntes lo pasaron muy mal al dejar de tener la aparición diaria. La Virgen les había dicho, con mucho cariño, que no se preocuparan, que tenía que ser así, que no era porque hubieran hecho algo malo.

A día de hoy tan sólo Ivan, Vicka y Marija siguen teniendo la aparición diaria. Ellos solo conocen nueve secretos. ¿Cuándo se les revelara el décimo secreto y dejarán de tener la aparición diaria?. No sabemos, pues en los otros casos ha sucedido de manera inesperada.

Mirjana, la primera vidente en conocerlos todos, recibió una misión especial de la Virgen. Ella es la encargada de escoger al sacerdote que revelará los secretos a todo el mundo unos días antes de que sucedan. "Me confió el décimo y último secreto – recuerda la vidente– y me dijo que tendría que elegir a un sacerdote para una tarea especial. Diez días antes de la fecha del acontecimiento presagiado en el primer secreto, debía decirle a él lo que sucedería. Entonces se suponía que él y yo oraríamos y ayunaríamos durante siete días y, tres días antes del acontecimiento, el sacerdote lo revelaría al mundo. Los diez secretos se revelarán de este modo".

En esa misma aparición, la última diaria de Mirjana, la Virgen le dio algo material para que fuera entregado al sacerdote. "Sacó algo parecido a un pergamino enrollado y me explicó que los diez secretos estaban escritos en él y que debía mostrárselo al sacerdote que eligiera cuando llegara el momento de revelarlos". Cuando terminó la aparición Mirjana, de hecho, tenía entre sus manos ese extraño pergamino "de color beige, el rollo estaba hecho de un material parecido al pergamino: ni papel ni tela, sino algo entre medias. Lo desenrollé con cuidado y encontré los diez secretos escritos en una letra cursiva sencilla y elegante. No había decoraciones ni ilustraciones; cada secreto estaba descrito con palabras sencillas y claras, de un modo muy similar a como me los había explicado Nuestra Señora en un principio. Los secretos no estaban enumerados, pero aparecían en orden, uno detrás de otro, con el primer secreto en la parte de arriba y el

---

[7] Algunos piensan que la Virgen eligió el día 18 de marzo para aparecerse anualmente a Mirjana por ser el cumpleaños de la joven. Pero la propia vidente lo ha desmentido. Ha dicho que ese día fue elegido por otro motivo: "El 18 de marzo es mi cumpleaños, pero Nuestra Señora no eligió ese día por esta razón... Sólo cuando las cosas contenidas en los secretos empiecen a suceder el mundo entenderá por qué eligió el 18 de marzo. El sentido de la fecha será claro".

último abajo, e incluía las fechas de los acontecimientos futuros" [8].

Mirjana eligió pronto al sacerdote a quien le revelaría los secretos diez días entes de que empiecen a suceder: el Padre Petar Ljubicic, franciscano. Él aceptó esta misión y está a la espera de ser llamado para cumplir su cometido.

¿De qué hablan los secretos? Sabemos muy pocas cosas de ellos pues los mismos videntes, cuando se les pregunta, dicen: "Los secretos... son secretos". O lo que es lo mismo: no pueden decir nada hasta que no se les permita. Tan sólo han podido darnos algunos datos y detalles sobre algunos de ellos. Y así sabemos lo siguiente:

Uno de los secretos la Virgen se lo mostró a Mirjana como si fuera una película. La vidente, al verlo, se entristeció mucho y preguntó si tenía que ser exactamente así. La Virgen respondió que sí, haciéndole caer en la cuenta de que es el hombre el que, usando mal la libertad y pecando, apartándose de Dios y no haciendo caso a sus llamadas, atrae sobre sí el mal y la desgracia.

El tercer secreto se refiere a una señal permanente visible que aparecerá en la colina de las apariciones, en Medjugorje. Mirjana explica: "Cuando los acontecimientos que hay en los primeros dos secretos sucedan, Nuestra Señora dejará una señal permanente en la colina de las apariciones, donde se apareció al principio". Esa señal probará la realidad de las apariciones. Podrá ser vista por todos, e incluso ser fotografiada. No podrá ser tocada ni destruida. Ivanka dijo: "La señal va a ser permanente, visible e indestructible... Todos sus armamentos y explosivos no podrían destruirla". Mirjana comenta: "Se verá que es imposible hacer con la mano humana, que viene de Dios". Y añade: "La gente podrá fotografiar y grabar la señal, pero para poder comprenderla del todo, para vivir la experiencia de corazón, tendrán que ir a Medjugorje. Verlo en primera persona, con sus ojos, será más hermoso".

Después de esta señal la Virgen aparecerá por poco tiempo más. Ella dijo sobre este signo:

–¡Conviértanse! Cuando aparezca la señal será demasiado tarde.

Cómo deben interpretarse estas palabras es un misterio. Los videntes tampoco han querido aclararlo porque dicen que si lo hicieran desvelarían el resto de los secretos y no pueden.

El séptimo secreto hacia referencia a un mal que amenazaba la tierra pero del que la Virgen ha dicho que, gracias a las oraciones y al ayuno de muchas personas, ha sido mitigado.

El noveno y el décimo son graves. Son castigos por los pecados del mundo. Pueden ser atenuados por la oración y el ayuno pero no cancelados del todo, pues tendría que convertirse todo el mundo y eso parece improbable.

---

[8] Mirjana guarda el extraño pergamino en su casa. Algunas personas han logrado verlo pero cada una ha visto en él cosas distintas (es decir: solo Mirjana, por ahora, puede ver su contenido real). Según Mirjana el pergamino no ha sido entregado por miedo a que se le olviden los secretos: "Si me olvido de algún detalle, Dios es todopoderoso y puede darme el regalo de recordarlo en el momento preciso. Mi interpretación del pergamino es distinta: su existencia significa que no es necesario que yo esté viva para revelar los secretos".

Del resto de secretos no sabemos nada. Los videntes ni siquiera hablan entre ellos de los secretos. Según Mirjana "los seis videntes no hablamos entre nosotros sobre los secretos. La única parte que compartimos en común al respecto es la señal permanente (la del tercer secreto)".

Eso sí: todos los secretos están destinados a ser conocidos por la gente. Dice Mirjana: "Todos ellos son para el mundo; ninguno de los secretos es para mí personalmente. La Virgen trasmitió la mayor parte de los acontecimientos de los secretos mediante palabras, pero algunos me los mostró como escenas de una película. Cuando vi estos destellos del futuro durante las apariciones, la gente que tenía cerca a veces notaba las intensas expresiones de mi rostro... Cuando los acontecimientos tengan lugar, tal como se predijo, será difícil, incluso para el más reticente de los escépticos, dudar de la existencia de Dios y de la autenticidad de las apariciones".

Ivan dijo en una entrevista en radio María en el año 2012: "Cuando los secretos de la Virgen se revelen en Medjugorje, la Iglesia Católica se encontrará viviendo una gran prueba que afectará al mundo y a los fieles, y un poco de este sufrimiento ya se está dando".

Algunos han pretendido usar los secretos para inspirar miedo y asustar a la gente. Pero se equivocan. Nuestra fe nos habla de un Dios lleno de amor y de misericordia hacia nosotros. ¡Él es nuestro Padre!. Cuando en la Biblia Dios anuncia algún suceso futuro terrible no lo hace para meter miedo: lo hace para llamar a la conversión, para advertir a la humanidad de las horribles consecuencias que tiene el apartarse de Él y sus caminos.

Dios sólo quiere nuestra salvación. Los castigos divinos son un invento de su infinita misericordia para ofrecer una última tabla de salvación a quien está a punto de condenarse. No olvidemos que el hijo pródigo no volvió a brazos de su padre hasta verse en la más absoluta miseria. El castigo por sus obras le trajo luz.

Es en este sentido en el que la Virgen habla de los secretos. Son una advertencia amorosa a la humanidad. Ella dijo a los chicos:

–No quiero amenazarlos. Como Madre de ustedes, mi único deseo es advertirles (Mensaje del 18-3-1989).

La Virgen se muestra muy contraria a los que van profetizando toda clase de desgracias y catástrofes como si fueran inevitables. Ella dice que con nuestra conversión personal podemos cambiar el futuro, por negro que parezca:

–Eso viene de falsos profetas. Ellos dicen: "tal día, en tal fecha, ¡habrá una catástrofe!". Yo siempre he dicho que la desgracia vendrá si el mundo no se convierte. Llamen al mundo a la conversión. Todo depende de la conversión de ustedes (Mensaje del 15-12-1983).

Si una persona cree y ama a Dios, viviendo según su voluntad, no debe sentir ninguna preocupación por los secretos. Pase lo que pase Dios le ayudará. Los secretos sólo deben ser temidos por los que viven en el pecado. La Virgen dijo:

-*Amen y no tengan temor, hijos míos, porque en el amor no hay temor. Si sus corazones están abiertos al Padre y si están llenos de amor a Él, ¿por qué temer lo que ha de venir?. Los que no aman sienten temor porque esperan castigos y porque saben cuán vacíos y endurecidos están. Yo los conduzco, hijos míos, hacia el querido Padre* (Mensaje del 18-3-1995).

Ahí tenemos el ejemplo de los videntes: conocen los secretos y viven con mucha paz y felicidad, sin angustias ni temor. Ellos viven amando a Dios y haciendo su voluntad, ¿por qué iban a temer?. "A los peregrinos –dice la vidente Mirjana– siempre les digo que no le crean a aquellos que nos asustan porque la fe que viene del miedo no es una fe verdadera; tan pronto como desaparece el miedo, también desaparece la fe basada en el miedo. Créanles a aquellos que os hablan de amor porque sólo la fe que viene del amor es verdadera fe". Ella ha comentado que siente pena por la gente que le pregunta por los secretos en plan pesimista. "Parece que algunos piensan que todos esos secretos son negativos... preocuparse por los secretos no cambia nada. La gente debería preocuparse únicamente en cambiar su vida... si tu vida está en manos de Nuestra Señora y Dios está en tu corazón, ¿qué te puede hacer daño?.... "

El Padre Petar Ljubicic (el sacerdote elegido por Mirjana para revelar los secretos al mundo), aunque no conoce aún los secretos, si ha podido hablar con Mirjana sobre el sentido general de los mismos. Él ha declarado: "Los secretos se refieren a acontecimientos excepcionales que pasarán en un momento determinado y en un determinado lugar... cuándo ocurrirán, no lo sabemos.... La vida que Dios nos regaló y el tiempo en el que vivimos son un don de Dios para nosotros. Ese don debe aprovecharse lo mejor y lo más conscientemente posible, trabajando incansablemente en nuestra salvación. No vivamos como si nunca debiéramos rendir cuentas sobre nuestra forma de vivir y de obrar. Sobre todo es importante estar preparado cada momento para el encuentro personal con el Dios vivo. Si vivimos así, no tenemos de qué tener miedo ni preguntar constantemente cuándo pasará algo". De hecho para los que creen en Dios, le aman y cumplen su voluntad la revelación de los secretos, según el Padre Petar, "será un gran consuelo y alegría".

Según la vidente Mirjana: "Actualmente, de acuerdo con Nuestra Señora, estamos viviendo un tiempo de gracia. Después de esto vendrá el tiempo de los secretos y el tiempo de su triunfo... Cuando la gente me pregunta acerca del fin del mundo, yo les pregunto por qué esos acontecimientos les preocupan. El final de *mi* mundo puede suceder en cualquier momento, como puede sucederle a cualquiera (se refiere al momento de nuestra muerte). Éste es el único final para el que nos tenemos que preparar. Si mantenemos nuestras almas limpias estaremos preparados para presentarnos delante de Dios en cualquier momento".

* * *

A pesar de los esfuerzos grandísimos que todo el poder del régimen comunista hizo para acabar con los sucesos (encarcelar al párroco, prohibir el acceso al Podbrdo, amenazar y vigilar a los jóvenes videntes) no pudieron pararlo. Y eso que esta situación de tensión duró prácticamente hasta 1989, año de la caída del muro de Berlín. Durante esos 8 años los videntes y sus familias fueron perseguidos de mil maneras, expulsados de colegios, atacados, calumniados... Ningún joven de esa edad hubiera aguantado tanta presión. Ellos lo hicieron. Con alegría y serenidad.

Pronto se separaron. Algunos de ellos se quedaron en Medjugorje, otros se trasladaron (por estudios u otros motivos) a otras ciudades. De tener la aparición los seis juntos (normalmene en alguna sala de las dependencias parroquiales) pasaron a tenerla de forma individual donde se encontraran a la hora señalada.

Sería muy largo contar todas las vicisitudes de la vida de cada uno de los videntes. Tampoco es el objetivo de este libro. Ellos mismos han declarado que son simples testigos de los mensajes de la Virgen. Su vida no es importante. Solo quiero señalar que los seis se han casado. Tienen varios hijos y viven como cualquier cristiano casado y con hijos: buscando la santidad en su vida diaria.

Algunos viven en Medjugorje (Vicka, Mirjana, Jakov e Ivanka). Otros pasan largas temporadas allí pero viven en otras partes del mundo (Marija en Italia, Ivan en Estados Unidos). Cuando la Iglesia les ha pedido colaboración (para exámenes médicos u otras investigaciones) siempre han estado disponibles. Cuando la Igesia les ha prohibido acudir a alguna reunión han obedecido.

Viven con mucha entrega su papel de mensajeros de la Virgen. Por eso, aunque les supone mucho tiempo y no pocos quebraderos de cabeza (soportar que les hagan las mismas preguntas mil veces, soportar gente extraña y fanática, soportar indiscrecciones) suelen estar disponibles para contar su testimonio y hablar de los mensajes de la Virgen con los peregrinos. Han ido a algunos lugares del mundo para testimoniar esto mismo.

12
LA POSICIÓN DE LA IGLESIA

Sabido es que Jesucristo dejó a su Iglesia como única instancia autorizada para decidir sobe la verdad o la mentira de unas supuestas apariciones sobrenaturales. Dicha tarea corresponde al Obispo del lugar donde se han producido las supuestas apariciones. [9] ¿Cuál es la postura de la Iglesia sobre Medjugorje?

El Obispo propio del lugar en 1981 era Monseñor Pavao Zanic. Al enterarse de lo que ocurría pidió una reunión con los seis videntes (eran los primeros días de las apariciones). Interrogó a los niños durante una hora. Luego les dijo que pusieran las manos sobre una cruz y juraran que estaban diciendo la verdad. Los videntes lo hicieron sin dudarlo. El Obispo salió muy satisfecho y dijo al párroco, Padre Jozo, que él estaba seguro de que la Virgen se les estaba apareciendo. Después lo afirmó públicamente en la homilía de una Misa celebrada en la parroquia de Medjugorje el 25 de Julio de 1981, un mes después de empezar las apariciones. Para él era evidente que aquellos niños no habían sido inducidos por nadie a mentir. Padre Jozo (que todavía no lo tenía tan claro, como ya vimos) le recomendó más prudencia. El Obispo siguió afirmando públicamente la veracidad del acontecimiento. En un periódico católico que circulaba semiclandestinamente, el *Glas Koncila*, el 16 de Agosto de 1981, volvió a repetir que los niños no mentían.

Así estaban las cosas cuando repentinamente, en 1982, el Obispo cambió radicalmente de opinión y negó la autenticidad de las apariciones convirtiéndose asimismo en un enemigo acérrimo de ellas. ¿Por qué este cambio repentino? ¿A qué se debió? Sinceramente nadie lo sabe con exactitud. Algunos lo achacaron a un incidente del Obispo con dos frailes franciscanos que ni siquiera pertenecían a Medjugorje (hablaremos sobre este incidente en la parte final del libro).

Otros sospechan que el Obispo pudo recibir algún tipo de presión del gobierno sobre daños a sus sacerdotes, a él mismo o a su familia, o grandes desventajas para la Iglesia si no acababa con Medjugorje. Sabemos que el gobierno comunista habló con él en agosto de 1981 y aunque siguió aceptando la sobrenaturalidad del evento a partir de Septiembre de ese año empezó a guardar silencio hasta que finalmente, en los primeros meses de 1982, se volvió en contra. ¿Se metió por medio el chantaje, la amenaza, el poder? ¿Luego, tras la caída del comunismo, el Obispo siguió manteniendo esa postura para no verse comprometido? No sabemos.

---

[9] Para conocer el significado y el valor que la Iglesia le da a las apariciones en general y el proceso para determinar si son verdaderas o no consultar mi libro *Una mujer apareció en el Cielo* , donde se explican estas cuestiones de forma extensa.

El caso es que en 1986 fue al Vaticano dispuesto a liquidar definitivamente el asunto. Pero en una decisión sin precedentes el Cardenal Ratzinger (posteriormente Papa Benedicto XVI), prefecto de la Congregación para la Doctrina de la Fe, le desautorizó y trasladó la autoridad para investigar las apariciones a la Conferencia Episcopal de Yugoslavia.

El 10 de Abril de 1991 la Conferencia emitió una declaración en la que se afirmaba que, según los estudios realizados hasta ese momento, aún no podía afirmarse que se trataran de apariciones sobrenaturales. Es decir: había que seguir investigando. En esa misma declaración se afirmaba la importancia de Medjugorje como lugar de encuentro con Dios y se determinaba que debía cuidarse la pastoral. He aquí el párrafo más importante de este documento:

"Sobre la base de las investigaciones llevadas a cabo hasta hoy *no es posible afirmar que se trata de apariciones y fenómenos sobrenaturales*. Sin embargo, los numerosos creyentes que llegan a Medjugorje provenientes de muchos lugares e impulsados por motivos religiosos y de otro género, tienen necesidad de atención y del cuidado pastoral del obispo de la diócesis por encima de todo, y además también de otros obispos, de tal manera que en Medjugorje y con Medjugorje se pueda promover una sana devoción a la Santísima Virgen María, en armonía con las enseñanzas de la Iglesia. Con este fin, los obispos facilitarán indicaciones litúrgico-pastorales adecuadas y a través de la comisión continuarán investigando y dando luz sobre los acontecimientos de Medjugorje"

Desde entonces todas las posteriores declaraciones eclesiales siempre han remitido a este documento.

Después de la guerra en Yugoslavia la competencia recayó sobre la Conferencia Episcopal de Bosnia Herzegovina (ya que Medjugorje pasó a pertenecer a dicho país) que no emitió ningún comunicado.

Monseñor Pavao Zanic dejó el obispado de Mostar en el año 1993. Murió en el año 2010 (con cáncer en la boca). Su sucesor, Monseñor Ratko Peric, desde el primer momento que tomó posesión del Obispado de Mostar también se puso en contra de las apariciones. Las razones por las que según él las apariciones son falsas las recogemos prácticamente en la parte final del libro al hablar de las objeciones que suelen presentarse contra Medjugorje.

En 1996 el portavoz del Vaticano dijo a los medios de comunicación que mientras la Iglesia seguía estudiando los acontecimientos las peregrinaciones privadas de fieles estaban permitidas incluso acompañados por sacerdotes como ayuda espiritual. Una peregrinación privada es una peregrinación que no es organizada oficialmente desde una diócesis o una parroquia.

En 1998 se emitió un comunicado oficial por parte del Vaticano aclarando que las peregrinaciones privadas estaban permitidas y que la posición del Obispo de Mostar Ratko Peric (negando la sobrenaturalidad de los acontecimientos) era una opinión personal de dicho prelado que no tenían por que seguir los fieles.

San Juan Pablo II estaba bien informado de los sucesos de Medjugorje. Se sabe que en su despacho personal tenía libros sobre estas apariciones. Bendecía a los peregrinos que iban allí y al hablar del asunto con varias personas mostró ser favorable a lo que ocurría. He aquí algunos ejemplos:

El 12 de Septiembre de 1990 el obispo de Florianápolis (Brasil) le comentó al Papa su intención de hacer una peregrinación a Medjugorje. El Papa le dijo: "Medjugorje es un gran centro de espiritualidad" y bendijo su viaje.

En Octubre de 1994 el Obispo Felipe Benítez (de Asunción, Paraguay) tenía dudas sobre si dejar que en las iglesias de sus diócesis se hablara de Medjugorje y se dieran testimonios. Aprovechando que estaba en Roma solucionó sus dudas de la mejor manera posible: dirigiéndose directamente al Papa. Éste, sin rodeos, le dijo: "Autorice todo lo concerniente a Medjugorje".

En 1996 Monseñor Roberto Cavallero de Chiavari (Italia) participó en una Misa privada junto al Papa. Después le comentó que acababa de regresar de Medjugorje. El Papa le preguntó: "¿Crees en Medjugorje?". "Sí. ¿Y usted, Santo Padre?". El Papa calló unos segundos y luego dijo: "Yo creo, yo creo, yo creo".

El 15 de Septiembre de 1997 el Arzobispo de Pescara (Italia) preguntó al Papa qué actitud debía tomar con los fieles de su diócesis que iban a Medjugorje. El Papa preguntó: "¿Qué hacen allí?" "Oran, se confiesan y hacen penitencia" "Bueno – concluyó el Papa– entonces déjelos ir".

El Papa Benedicto XVI, como hemos dicho, siendo cardenal impidió a Monseñor Zanic acabar con el asunto Medjugorje. Es muy significativo que el día que fue elegido Papa, el 19 de Abril de 2005, saliera al balcón por primera vez para saludar a las personas justo a la misma hora que desde hacía veinticinco años se aparecía la Virgen diariamente a los videntes en Medjugorje. ¿Coincidencia? ¿Un guiño del Cielo al nuevo Pontífice?.

Finalmente Benedicto XVI decidió trasladar todas las competencias del asunto a la Congregación para la Doctrina de la Fe. La Congregación, en el año 2010, creó una comisión internacional para investigar el asunto Medjugorje. Fueron llamados los videntes a Roma para declarar y ser investigados.

El día 18 de Enero del año 2014 la comisión terminó sus investigaciones y las entregó a la Congregación para la Doctrina de la Fe, que a su vez lo entregó todo al Papa Francisco.

En el año 2018 el Papa Francisco mandó a Medjugorje al Obispo polaco Henrick Hoser como enviado especial suyo con plenos poderes, por tiempo indeterminado, para ayudar en la organización pastoral de la atención a los peregrinos. El Obispo se quedó a vivir allí.

En el año 2019 el Obispo Hoser anunció que las peregrinaciones a Medjugorje podían ser organizadas de manera oficial (es decir: organizadas por parroquias, diócesis, órdenes religiosas y movimientos eclesiales) aclarando que tal cambio no suponía la aprobación de las apariciones de la Virgen (que seguían en estudio). En Mayo de 2019 el portavoz oficial del Vaticano confirmó que esta decisión provenía del Santo Padre.

Tras la muerte del Obispo Hoser el Papa Francisco nombró en el año 2021 al Obiso Aldo Cavalli con el mismo encargo. Igualmente el Papa Francisco ha mandado mensajes públicos a los peregrinos de Medjugorje (en concreto a los peregrinos jóvenes que acuden anualmente al encuentro de Agosto preparado especialmente para jóvenes) desde el año 2021 en adelante.

Según informaciones muy confidenciales que ha recibido el autor de este libro (y que, por ahora, no son oficiales) parece ser que las conclusiones de la comisión internacional creada por Benedicto XVI apuntaban a considerar como hechos sobrenaturales y reales las apariciones ocurridas en los primeros siete días en Medjugorje y por lo tanto podría considerarse oficialmente como lugar de apariciones marianas reconocido por la Iglesia. Estamos a la espera de tener confirmación oficial de todo esto.

Los videntes durante una aparición

13
DISCERNIENDO

En el discernimiento de estos acontecimientos no pueden obviarse los siguientes datos:

1.- Los seis videntes: No parece probable, si todo fuera una invención, que estos seis adolescentes hayan podido mantener semejante mentira más de treinta y cinco años, estando siempre de acuerdo y sin que jamás se les haya pillado en alguna contradicción. Especialmente llamativo fueron los primeros ocho años, hasta 1989, bajo el régimen comunista. Hablar de estas apariciones les trajo multitud de problemas a ellos y a sus familias. ¿Por qué iban a mantener una mentira que tan sólo les estaba trayendo dificultades de todo tipo?

Mirjana, a este respecto, dice: "¿Por qué razón yo iba a mentir? Si mintiese sería una persona anormal... yo tenía una vida linda, durante nueve años fui hija única de mis padres y me trataban como agua en la palma de las manos... ¿y por qué iba yo a darle una vuelta de ciento ochenta grados a todo eso? ¿Por qué traer confusión, preocupaciones, sufrimiento, dolor...?". En el libro testimonio de esta vidente sobre aquellos años podemos comprobar todo lo que los comunistas le hicieron a los videntes y a sus familias por decir que veían a la Virgen: expulsiones de colegios, quitarles pasaportes, cerrarles el camino laboral.... ¿Por qué mantener una mentira que no les estaba trayendo nada más que problemas y dificultades?

Por otra parte los seis chicos no eran amigos entre ellos. Antes de las apariciones algunos apenas se conocían. "La mayoría de nosotros –afirma Mirjana– no hubiéramos pasado nunca el tiempo juntos si no hubiera sido por las apariciones". ¿Por qué se iban a poner de acuerdo estos jóvenes que apenas se trataban, salvo contadas excepciones, para contar una mentira que tantos problemas les iba a traer? ¿Por qué, a pesar de que sus vidas han seguido rumbos diferentes, siguen manteniendo la veracidad de las apariciones?.

También tenemos los resultados de las pruebas médicas. Todos ellos, los seis videntes, han sido examinados en multitud de ocasiones, por distintos especialistas médicos, sin que nunca se les haya podido declarar como personas desequilibradas, histéricas o anormales. En 1998 y 1999 fueron sometidos a un estudio altamente especializado que duró más de 48 horas (estuvieron "enchufados" a las máquinas incluso mientras dormían con el fin de controlar toda su actividad psíquica, sobre todo durante la aparición). La conclusión fue aplastante: el éxtasis en el que entran durante la aparición, según los especialistas, no es producto de la sugestión ni es inducido por ellos mismos. Posee su propia forma.

No han sido los únicos estudios. Han pasado por centros médicos del más alto nivel. Los resultados, sea el equipo que sea, con los medios que sea, son siempre los mismos: la salud física y psíquica de los videntes es perfecta. No hay trucos, esquizofrenias ni cualquier otra patología. Durante el éxtasis su abstracción del mundo que los rodea es absoluta. Nada los distrae (ni luces encandiladoras, ni sonidos fortísimos). Algo real, que la ciencia no puede presenciar, capta de tal manera su atención que los saca de este mundo.

Los videntes llevan años sometiéndose a estas cansadas y agotadoras pruebas. Preguntaron a la Virgen si era necesario a lo cual Ella les respondió que debían obedecer a la Iglesia y someterse a dichas pruebas, que más tarde se vería lo importante que fue actuar así. Al final han acabado por tomárselo a broma. Mirjana dice: "¡Creo que somos de las pocas personas en el mundo que podemos demostrar, por escrito, firmado por los mejores equipos médicos del mundo, que somos normales!".

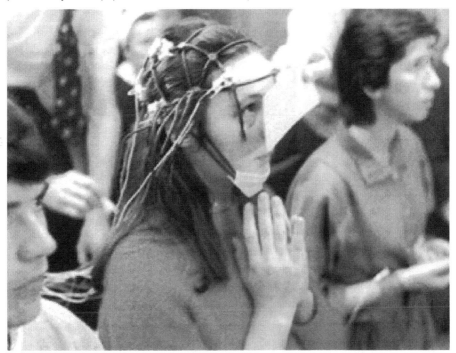

Desde los primeros años los videntes han sido
sometidos a muchas pruebas científicas

2.- Los frutos: En estos ya más de treinta y cinco años de apariciones los frutos son innegables. Ha habido milagros y curaciones extraordinarias, documentadas por informes médicos que las consideran inexplicables. Ha habido infinidad de conversiones: personas ateas, rabiosas contra la Iglesia, se han encontrado con el Dios que creían no existía. Personas que habían perdido la fe han reencontrado el valor de la misma. Muchísimos pecadores encuentran el perdón de Dios en Medjugorje. Es muy significativo la cantidad de confesiones que hay allí. Con razón algunos lo han llamado "el confesonario del mundo". Muchos jóvenes acuden al lugar y reavivan su fe apagada o perdida. Otros han sentido allí la llamada al sacerdocio o a la vida consagrada. Y esto viene ocurriendo, de forma continua, durante treinta y cinco años. Si Medjugorje fuera cosa del demonio no habría tantas conversiones sinceras a Dios. Y si fuera cosa humana, ¿cómo podría haber subsistido tanto tiempo, dando tan buenos frutos? ¿Por qué personas que tienen iglesias a dos pasos de sus casas emprenden un viaje tan largo a un lugar tan poco atractivo para encontrarse con Dios? ¿Por qué vuelven con su fe renovada y se convierten en los mejores cristianos de su parroquia llevando una vida espiritual intensa? Si esto es un montaje de los curas del lugar: ¡qué cuenten el secreto para que en todas partes la Iglesia pueda montar un Medjugorje y atraer a tantas personas!

Son muchísimos los Obispos y miles los sacerdotes que han estado en Medjugorje y han sentido renovada su fe, su amor a Dios y su ministerio sacerdotal. También han tenido la misma experiencia miles de religiosos y religiosas. Teólogos de gran fama mundial apoyan la veracidad de las apariciones. Entre ellos destacamos al padre René Laurentin (seguramente el mayor experto en apariciones marianas) y al gran Hans Ur Von Balthasar que dijo expresamente que el gran error de la Iglesia con respecto a Medjugorje sería no aprobar las apariciones. Asimismo, cristianos de todo el mundo de altísimo nivel espiritual estaban convencidos de la sobrenaturalidad de los acontecimientos. Entre ellos destacamos, por su importancia, a Santa Teresa de Calcuta y a San Juan Pablo II.

3.- El silencio de la Iglesia: Medjugorje lleva en funcionamiento más de treinta y cinco años, recibiendo a miles y miles de peregrinos católicos. Si la Iglesia hubiera visto algo raro, algo contrario a la fe, al dogma o a la moral en Medjugorje, ya habría levantado su autorizada voz para poner sobre aviso a los fieles. Pero no: la Iglesia se mantiene en silencio y sigue investigando. Este silencio es significativo: la Iglesia no permitiría que miles de hijos suyos se acercaran allí si hubiera algo sospechoso. Pero no lo ha impedido. No se han prohibido las peregrinaciones privadas ni se ha detectado nada en contra de la fe. Incluso se han permitido los viajes oficiales. Este silencio de la Iglesia debe ser considerado un signo muy positivo a favor de las apariciones. Pues en otras ocasiones, cuando ha sido detectado algo anormal, la Iglesia lo ha condenado sin ningún tipo de contemplaciones.

Algunas personas están enfadadas por la Iglesia por tardar tanto tiempo en aprobar las apariciones de Medjugorje. Los videntes no opinan lo mismo. Oigamos a la vidente Mirjana al respecto: "A mi me gusta que nuestra Iglesia sea cuidadosa porque en el mundo hay muchas apariciones que vienen y van, y se comprueba que no son verdaderas. A mí nunca me asustó el hecho de que la Iglesia espere y que la iglesia investigue porque sé lo que veo, y cuando mi Iglesia compruebe lo que veo, lo va a reconocer. Cuando pienso sobre eso, me digo: –Señora mía, yo hago lo que tú pides de mí, pero en cuanto a la Iglesia y sus sacerdotes... esa es tu responsabilidad, Tú sabes como tratar con ellos y te los dejo a Ti, Tú guíalos– Todo eso se lo entregué a nuestra Madre Celestial, que Ella lo resuelva".

Actualmente los peregrinos siguen creciendo. Cada año se organizan diversos actos en Medjugorje centrados en los sacerdotes, las familias, los jóvenes...

Solamente Ivan, Vicka y Marija siguen teniendo la aparición diaria.

El 1 de Marzo de 1984 la Virgen empezó a dirigir, por medio de la vidente Marija, un mensaje todos los jueves a la parroquia de Medjugorje. Desde 1987 estos mensajes empezaron a darse todos los días 25 de cada mes. Actualmente sigue ocurriendo: cada 25 de mes la Virgen da un mensaje breve pero lleno de profundas enseñanzas espirituales. No sabemos hasta cuando seguirá (quizás hasta que empiecen a realizarse los secretos). En internet pueden consultarse dichos mensajes.

Marija. Recibe cada 25 de mes el mensaje de la Virgen para todo el mundo

CONSEJOS PARA EL PEREGRINO

Si deseas peregrinar a Medjugorje quizás te sirvan estos consejos para aprovechar al máximo la experiencia:

1.- Como mínimo procura estar 3 o más días.

2.- No pierdas tiempo sacando fotos, buscando lugares para grabar en vídeo, mirando recuerdos en las tiendas de artículos religiosos... lo mejor que puedes encontrar en Medjugorje no está ahí. El regalo más grande para ti y para tus seres queridos no lo encontraras haciendo eso. Vive Medjugorje espiritualmente.

3.- Intenta contratar los servicios de una guía oficial. La parroquia tiene a disposición de los peregrinos unas guías en todos los idiomas especialmente preparadas para explicar los sucesos y servir de traductoras para los encuentros con testimonios, videntes, etc...

4.- Dedica las mañanas a subir a los montes (un día el Podbrdo, otro el Krizevac), testimonios (con los videntes si es posible, con los chicos de la comunidad cenáculo) o catequesis con los franciscanos de la parroquia. La tarde úsala para unirte al programa vespertino: dos Rosarios, Santa Misa, oración de sanación, un Rosario más y algunos días adoración eucarística.

5.- Dice la vidente Mirjana: "Siempre animo a los peregrinos a quedarse en la colina de las apariciones (Podbrdo) despúes de haber subido con el grupo o solos, a buscar una roca buena y plana en la que sentarse, a contarle a Nuestra Señora todo lo que llevan en el corazón, a dejar allí el dolor y el sufrimiento o a rezar para tener fuerza de cargar con la cruz".

6.- No busques signos extraordinarios. Eso sólo depende de Dios y no son necesarios para que fructifique la gracia en tu corazón.

7.- Abre tu corazón. Ábrelo a la Virgen. Estés como estés, vengas como vengas. Ábrelo. Con sencillez. Abandónate como un niño en brazos de su madre. Ella hará el resto

LAS APARICIONES
DE MEDJUGORJE

MENSAJE

MADRE... ¿POR QUÉ VIENES?

Cuando se oye hablar de Medjugorje y lo que allí está pasando es inevitable preguntarse: "Pero, ¿por qué tantas apariciones? ¿por qué tanto tiempo? ¿No tenemos ya la Sagrada Escritura, la Iglesia, etc...? ¿Es que no nos basta con eso?".

Claro que nos basta. Pero actualmente la humanidad le ha vuelto las espaldas a Dios como nunca antes lo había hecho. Dios está entre nosotros en su Palabra, en sus sacramentos, en su Iglesia... pero muy pocos son conscientes. El ambiente general del mundo es indiferente, cuando no agresivo, hacia lo religioso. La humanidad ha emprendido un camino que lleva al pecado, a la perdición del alma y a la condenación. Y es por eso que María viene. Ella es nuestra Madre. Y como Madre sufre y se duele al vernos andar por un camino equivocado. Ella viene a conducirnos nuevamente a Dios. Viene a decirnos que Dios existe y que nos ama. No pretende revelarnos ningún Evangelio nuevo o distinto del que ya conocemos. Viene a recordarnos lo que ya se nos reveló, lo que ya deberíamos saber. "Ella en Medjugorje –explica el vidente Jakov– no ha dicho nada nuevo; todo lo mencionado es algo que teníamos que haber hecho antes; pero estábamos como dormidos y Nuestra Señora, como madre, vino para que nos despertásemos y comenzásemos a vivir".

Ninguna madre en la tierra puede permanecer tranquila si ve a sus hijos en peligro. La Virgen María, fuente del puro amor, la más Madre de todas las madres, no podía abandonar a sus hijos en apuros. Por eso ha obtenido de Dios venir a avisarnos, guiarnos, instruirnos y ayudarnos a escoger el mejor camino, el camino que conduce al Señor. Ella sufre por la condenación de tantos hijos suyos que están eligiendo un camino equivocado. Por eso viene. Para guiarnos. Ella dijo a Marija:

–Yo no quiero nada para mí, sino todo por la salvación de sus almas (Mensaje del 25 de Octubre de 1998). [10]

Vicka, en una entrevista en 1984, decía: "La Virgen se ha aparecido en Medjugorje para invitar al mundo a volver a Dios, porque muchos se han olvidado de Dios y de sus deberes hacia Él.... Ella luchará de manera particular para devolver todas las personas que pueda a Dios".

En los primeros años de apariciones las compañeras de clase de la vidente Mirjana de distinta religión a la católica no entendían quién era aquella mujer que se le aparecía. Mirjana se lo explicaba diciendo: "Nuestra Señora es una madre, una madre que te ama sin ninguna condición, sin ningún límite; tú eres para Ella lo más importante, tu eres el centro de su vida, tú, realmente tú, como persona... Ella es todo amor, Ella da amor,

---

[10] A partir de ahora los mensajes se citaran de forma abreviada indicando el día, el mes y el año. Y así, 25-10-1988 significará el día 25 del mes de Octubre del año 1988.

Ella busca amor". Ella viene porque nos ama y desea nuestro bien. El que quiera escucharla y hacerle caso hallara paz para su vida.

Son preciosas las palabras que les dijo a los videntes unos meses después de empezar las apariciones, a finales de Febrero de 1982:   *—¡Queridos hijos! Si supieran cuánto los amo llorarían de alegría… Quisiera que en el mundo entero todos fueran mis hijos pero el mundo no lo quiere.*

Algunas personas dicen: "¡Ojalá yo también tuviera la gracia de ver a la Virgen! ¡Qué suerte tienen los videntes!". Y sin embargo los videntes dicen que la Virgen ha prometido dar las mismas gracias espirituales que ellos reciben a todos aquellos que pongan en práctica los mensajes que Ella está dando en Medjugorje.

Los videntes dicen que la Virgen es exigente pero muy paciente: coge a cada persona tal y como esté, en el punto en el que se encuentra, y que si esa persona abre su corazón a los mensajes Ella se encargará personalmente de llevarla poco a poco a Dios.

La realidad es que ya son miles y miles las personas que han abierto su vida a los acontecimientos de Medjugorje y han podido notar los efectos beneficiosos que conlleva abrir el corazón a la Virgen.

¿Quieres saber cuáles son los mensajes de Medjugorje? ¿Quieres saber lo que la Virgen pide? En los siguientes capítulos lo vas a encontrar.

Esta parte del libro te va a confrontar directamente. ¿Serás capaz de decirle "SI" a la Virgen? ¿Serás capaz de fiarte de Ella y poner en práctica sus mensajes, aunque algunos no logres comprenderlos del todo? ¿Abrirás tu corazón a esta gracia para recibir todas las promesas de la Virgen?

PAZ

Cristo es nuestra paz...
Su venida ha traído la buena noticia de la paz
(Efesios 2, 14. 17)

El 24 de Agosto de 1981 se escuchó un fortísimo ruido en las calles de Medjugorje. La gente salió de sus casas para ver de que se trataba. Hasta los videntes salieron. Todo el mundo miraba al cielo. Allí, encima del monte Krizevac, escrita con letras de oro, como fuego, podía leerse con claridad la palabra "MIR" ("Mir", en croata, significa "Paz"). Era un espectáculo hermoso. Duró unos 10 minutos y pudieron verlo todos los que estaban en Medjugorje, incluidos los soldados. Y no sólo ocurrió ese día. El hecho se repitió otras veces, siendo testigos numerosos vecinos y peregrinos venidos de otros países.

La Virgen quiere hablarnos de paz. Desde el inicio de las apariciones dijo a los videntes: *Yo soy la Reina de la Paz*. En un mundo en el que tanto se habla de paz Ella quiere enseñarnos dónde podemos encontrarla y en qué consiste la verdadera paz.

La inquietud, la inseguridad y el miedo están presentes en la gran mayoría de las personas. Hoy como nunca los conflictos interiores, las heridas personales, el desequilibrio emocional hacen que muchas personas vivan sin paz, con tensión. Problemas en la familia, en el trabajo, con los estudios, con las relaciones afectivas, con los amigos... problemas de no aceptar el propio cuerpo, lo que uno es, sus defectos físicos... sentirse deprimido, señalado por los demás, no aceptado...

La paz se pierde también por culpa de las adicciones. No hablamos sólo del alcohol, la droga... El ser humano se puede volver adicto a cualquier cosa. Nos hacemos adictos a los amigos, a los programas de televisión, a unas determinadas comidas, a la moda... la Virgen ha hablado estos últimos años de la adicción al móvil. Todo aquello que nos esclaviza, nos roba el tiempo de la oración y nos absorbe excesivamente es un peso en nuestro corazón que nos impide paz y libertad.

Si estas actitudes no se curan pueden llevar al nacimiento del egoísmo, la agresividad, el odio y la violencia. Una persona que no está en paz consigo mismo acaba por volverse rabiosa contra los demás, volcando su amargura en los que le rodean. Su misma insatisfacción y frustración suelen pagarla sus seres más cercanos. La falta de paz interior es la que está provocando tantas vidas hundidas, tantas depresiones y ansiedades, tantas familias en tensión, tantos matrimonios rotos, tantos suicidios... Cuando alguien vive sin paz acaba generando a su alrededor falta de paz. El ser humano ha caído en un agujero del que no es capaz de salir por si mismo.

Está es la razón por la que la Virgen nos habla, primeramente, de paz. Ella sabe que el mundo necesita paz, las familias necesitan paz, el corazón humano necesita paz. ¡Son tantas las personas que viven sin paz interior, con desequilibrios, temores, angustias...! Estas personas son fuente de conflictos (sobre todo en las familias). La Virgen nos avisa:

–*Ustedes no pueden comunicar paz si no la tienen dentro de ustedes mismos* (24-7-1989)

¿Cómo, pues, conseguir la paz interior? La Virgen es muy clara y va directa a la raíz del problema: para poner paz en nosotros mismos hace falta estar en paz con Dios. La paz es un don de Dios que no encontraremos hasta que no abramos nuestra vida, sinceramente, al Señor. Hay que abrirse a su amor y dejar que éste nos invada. Hay que abandonar todas nuestras preocupaciones en sus manos porque Él cuida de nosotros:

–*Hoy los invito a que se decidan por Dios, pues el distanciamiento es fruto de la falta de paz en sus corazones. Sólo Dios es la paz: por eso, acérquense a Él por medio de su oración personal y vivan entonces la paz en sus corazones. De esa manera la paz brotará desde sus corazones hacia todo el mundo* (25-2-1991)

–*Ábranse a Dios y Dios actuará a través suyo* (25-7-1985)

–*Ustedes no son conscientes del gran amor con el que Dios los ama. Es por eso que Él me permite estar con ustedes, para instruirlos y ayudarles a encontrar el camino de la paz* (25-3-1988)

–*Vivan la paz en su corazón y a su alrededor para que todos puedan conocer la paz que no proviene de ustedes sino de Dios* (25-12-1988)

Muchos peregrinos en Medjugorje durante su estancia en este lugar pierden la paz porque están excesivamente preocupados de sus pecados, de sus problemas, de su familia, sus hijos, los defectos y las tonterías de los otros peregrinos que les acompañan. Necesitan abandonar todo eso en manos de Dios:

–*Los invito a entregarse completamente a Dios. Que todo lo que ustedes posean esté en manos de Dios, porque sólo así tendrán gozo en sus corazones* (25-4-1989)

* * *

Para que realmente esta paz llegue a nuestros corazones es necesario estar en paz con los demás. Y para esto es imprescindible saber perdonar a quien nos ha herido. ¿Cómo podemos pretender tener paz si vivimos con odio hacia los demás, si nos negamos a perdonar las ofensas que nos han hecho? La Virgen dice:

–*El odio engendra discordia y no distingue nada ni a nadie. Yo los invito a llevar siempre concordia y paz dondequiera que ustedes vayan. Actúen siempre con amor. Que el amor sea siempre su único medio de defensa* (31-7-1986)

–*Sin amor no pueden vivir la paz. El fruto de la paz es el amor y el fruto del amor es el perdón. Yo estoy con ustedes y los invito a todos, hijitos, a que primeramente perdonen en la familia y entones serán capaces de perdonar a los demás* (25-1-1996)

La Virgen nos avisa de que existe un enemigo que quiere destruir la paz interior del hombre para llevar a todas las personas a la angustia, el temor y el desequilibrio emocional. Es Satanás, experto en destruir la paz. El Evangelio es muy claro al hablarnos de la existencia del demonio y de su actuación en el mundo aunque algunos no quieran creer en esto.

En Diciembre de 1982 Mirjana tuvo una terrible experiencia al respecto. Esperaba la aparición de la Virgen pero en su lugar, sin previo aviso, quién se presentó fue el demonio. La joven vivió, según sus propias palabras, el momento más desagradable de su vida. Satanás la invitó a renunciar a Dios y a la Virgen y a seguirlo a él, prometiéndole felicidad en el amor y en la vida. Le dijo que con la Virgen sólo tendría sufrimiento y que en cambio, con él, sería bella y feliz, y muchas otras cosas humanamente atractivas. Mirjana se negó a escucharlo e inmediatamente desapareció. Entonces sí apareció la Santísima Virgen María explicándole que había permitido la presencia diabólica para que supiera que el demonio existe. Le reveló que está muy rabioso y que él es la causa de que muchos matrimonios se destruyan, de muchos divorcios y abortos, de muchos asesinatos y de la división entre los sacerdotes….

Hemos de estar alerta y no dejarnos enredar por sus engaños. Hemos de vivir confiados en las manos de Dios y de la Virgen. Ella nos ha advertido cuál es el principal ataque del demonio en la actualidad:

–*Satanás quiere destruir mis planes de paz* (25-12-1990)
–*Satanás quiere crear desorden en sus corazones y en sus familias* (25-1-1994)
–*Satanás quiere la guerra y el odio* (25-6-2019)

Mirjana explicó que para vencer al diablo hay que ser firme, creer firmemente y no ceder ni un poco. El uso del agua bendita es muy aconsejable.

Los videntes han revelado que la Virgen les aviso que el demonio intentaría crear discordias entre ellos mismos y ponerlos en desacuerdo. Es una de sus tácticas favoritas. Vicka explica: "Para él, el desacuerdo y el odio lo son todo. En estos entornos reina con facilidad. La Virgen nos lo ha dicho muchas veces".

EJEMPLO
¡Él sopló sobre mis miedos!

El pequeño Loïck solo tenía seis años pero su corazón ya estaba atormentado por una gran inseguridad. Sufría miedos incontrolables. Sus padres no se llevaban bien (siendo frecuente la tensión familiar) y el niño había captado esa falta de paz en lo profundo de su psiquis. Su mamá necesitaba, aproximadamente, unas dos horas para calmar sus miedos cada noche y ayudarlo a dormirse. Una pareja amiga de la familia (la madrina del niño y su marido) les proponen llevarlo a Medjugorje junto a otros niños. Los padres aceptan.

Una vez allí, en una de las oraciones, Loïck cree ver a Jesús con dos velas en la mano diciéndole: "Loïck, ¿tú ves estas velas?". Y soplando sobre ellas las apagó. "¿Has visto como soplé sobre las velas? ¡Pues así como soplé sobre las velas, soplé sobre tus miedos!". El niño cuenta emocionado lo que ha visto a su madrina. El caso es que esa misma noche Loïck sufre una trasformación: una gran paz habita en él. Se duerme de un tirón, como un bebé en el regazo de su mamá. Cuando vuelve a casa sus padres no lo pueden creer. ¡Realmente Medjugorje es un oasis de paz para todos, incluso para los niños!

Otro caso: la pequeña Magali, cercana a sus doce años, estaba apegada de una manera enfermiza a su madre. No soportaba estar separada de ella ni un solo minuto. La escuela, por este motivo, era un tormento para ella. La niña fue a un viaje a Medjugorje. Una vez allí, por consejo de una persona, en el momento de la aparición, hizo esta breve oración a María: "¡Yo te elijo como mamá!". Días después la madre de la chiquilla llamó emocionada a la amiga que había llevado a Magali a Medjugorje: "¡No reconozco a mi hija! Se ha vuelto tranquila, amable, liberada. Ya no se aferra más a mí con desesperación. ¿Qué pasó...?"... Pues que la Virgen ha prometido traer la paz al corazón de todos aquellos que quieran vivir sus mensajes y elijan abrirle las puertas de su corazón.

Los seis videntes rezando con los peregrinos

FE

Tened fe en Dios
(Marcos 11, 22)

La Virgen muestra una preocupación especial por la falta de fe en el mundo:
–Hijos míos, ¿no se dan cuenta de que la fe comienza a extinguirse y que es necesario despertarla entre los hombres? (21-1-1982)
La Virgen nos hace caer en la cuenta de lo poco fervorosa que es nuestra fe. Muchos creyentes creen muy poco, o desconocen el Credo y la doctrina del catecismo. A veces comparten su fe con otro tipo de cosas que se oponen a ella o no son compatibles (ciertas ideologías materialistas, filosofías y opiniones políticas que van contra el Evangelio y la moral católica, el mundo de lo oculto, del espiritismo, de la magia, de la adivinación...):
–¡Si supiesen cuanta tibieza hay en la fe de los demás! (6-11-1983)
–Hay muchos cristianos que viven como paganos. Siempre hay muy pocos creyentes auténticos (Año 1984, sin poder precisar la fecha exacta)
–Satanás los tienta y ante las cosas más pequeñas su fe desaparece (25-3-1995)
–Lo más importante es tener una fe firme. Un gran número de personas enfermas piensa que con venir aquí es suficiente para ser curados rápidamente. ¡Algunos ni creen en Dios ni mucho menos en las apariciones y aún así me piden ayuda...! (9-2-1982)
Por eso hay que fortalecer nuestra fe y vivirla bien:
–Hay solamente un Dios y una sola fe... tengan una fe sólida (29-6-1981)
–La más bella oración es el Credo. Lo más importante es creer (Año 1983)
–La fe no puede mantenerse viva sin la oración. Oren más (10-10-1981)
–Fortalezcan su fe mediante la oración y los sacramentos (8-8-1981)
–Testimoniad alegremente vuestra fe (25-10-2009)
–Hoy los invito a poner en sus casas más objetos benditos y a que cada uno lleve consigo algún objeto bendito (18-7-1981)
–Cuando se fortalezcan en la fe, el demonio no podrá seducirlos más (16-6-1983)
–Si ustedes fueran fuertes en la fe, Satanás no sería capaz de hacer nada contra ustedes (5-4-1984) .
Las verdades de nuestra fe no deben ser discutidas. Todo aquello que Dios nos ha revelado y que la Iglesia enseña como dogma debe ser firmemente creído. Muchos cristianos entran en continua discusión con su fe: todo lo ponen en duda. Se pasan el día discutiendo sobre la fe y la moral que enseña nuestra Iglesia, para ver si pueden

cambiarla o adaptarla. Es un gravísimo error. La Virgen pide que aceptemos la fe con humildad y obediencia:

–No perdáis el tiempo en reflexionar demasiado, os alejaréis de la verdad. Con un corazón simple aceptad Su Palabra y vividla (2-8-2015)

La verdad es siempre la misma, no cambia con el tiempo. El Evangelio no es una doctrina humana que cambia según las circunstancias.

–La verdad no cambia.... Mis palabras no son antiguas ni nuevas, son eternas (2-5-2016)

* * *

Cada uno de los seis videntes ha recibido un encargo especial de la Virgen: rezar por una intención particular. El encargo de Mirjana es rezar por los no creyentes. La Virgen habla con compasión de ellos:

–También ellos son mis hijos y sufro a causa de ellos, porque no saben lo que les espera si no se convierten a Dios (18-3-1985)

Ya vimos que cuando la Virgen se apareció por última vez a Mirjana le prometió para más adelante algunas apariciones adicionales. Éstas comenzaron en 1987. Desde ese año la Virgen empezó a aparecerse a Mirjana el día 2 de cada mes para orar por los no creyentes. El 2 de Febrero de 1997 este momento de oración se hizo público, pudiendo acudir grupos de personas. Mirjana ha explicado que la elección del segundo día de cada mes por parte de la Virgen no fue casual:

–Comprenderemos el porqué de esa elección cuando los secretos sean revelados… ese día será muy importante.

El 18 de Marzo del año 2020 la Virgen le dijo a Mirjana que no tendría más la aparición extraordinaria del día 2 de cada mes. Así, pues, el 2 de Marzo de 2020 fue la última.

Los grupos que tienen la suerte, cuando peregrinan a Medjugorje, de tener un encuentro privado con Mirjana quedan realmente impactados con su testimonio. Ella narra lo que la Virgen le ha revelado sobre las personas que no tienen fe. Mirjana explica que la Virgen los ama, pero que sufre mucho a causa de ellos. Andan perdidos y con un gran riesgo de condenarse para toda la eternidad. Esto hace sufrir a su Madre del Cielo, que los quiere y los ama de todo corazón. Ella no les llama "no creyentes" sino "aquellos que aún no conocen el amor de Dios". En el fondo estas personas están lejos de Dios porque no han conocido al Dios Amor que les ha creado, les ama y ha dado su vida por ellos.

La Virgen le ha explicado a la vidente que estas personas son como una especie de imanes que captan los males de la humanidad. Cuando Dios desaparece de la vida de alguien esa persona no sólo se daña a sí misma: también daña a los demás. Más concretamente Mirjana nos revela:

–La Virgen dice que el mal que reina hoy en el mundo ocurre porque existen no creyentes. Las guerras, las divisiones, los suicidios, la droga, los divorcios, los abortos… todo esto sucede a causa de los no creyentes… la Virgen pide nuestra ayuda porque por medio de nuestra oración podemos lograr que cambien… orar por ellos es orar por nuestro futuro, es orar por el porvenir de nuestros hijos, por su seguridad... la Virgen nos pide que oremos cada día por ellos. Si ustedes pudieran ver, aunque fuera una sola vez, las lágrimas que corren por su rostro debido a los no creyentes, se decidirían enseguida a orar cada día por ellos. Con cada oración enjugan sus lágrimas... Es terrible pasar toda la vida sin Dios, y darse cuenta a la hora de la muerte que se ha pasado por alto lo esencial. ¡Y tenemos una sola vida!

La propia vidente ha escrito en su libro: "Me quedé muy afectada cuando Nuestra Señora me mostró lo que le esperaba a la gente que elegía la oscuridad a la luz".

Muchas personas han preguntado a la vidente Mirjana cómo podemos ayudar a los no creyentes. Mirjana trasmite en su testimonio, sin decir la fecha concreta en la que recibió este mensaje, esta respuesta de la Virgen:

–Hijos, recen con el corazón. Cada oración que rezan por los no creyentes con el corazón, es buena. Primero, sientan en su corazón el amor hacia ellos, siéntanlos como los hermanos que no tuvieron tanta suerte como ustedes de crecer en el amor de Dios. Cuando lo sientan así, podrán rezar por ellos. No los critiquen o juzguen. Ámenlos, recen por ellos y demuestren, con su ejemplo cómo se debe vivir. Y así los podrán cambiar. Así les ayudaran, y a mí me secaran las lágrimas que derramo por ellos.

* * *

Lamentablemente muchos de esos no creyentes están dentro de la Iglesia. La Virgen ha pedido:

–Oremos por todos los que no desean conocer el amor de Dios, aunque están en la Iglesia (25-3-1999)

Según Mirjana la Virgen le ha revelado que en las iglesias hay numerosos no creyentes: los que van allí por costumbre, para ver a los demás y no para encontrarse con Dios; los que ya no le ven sentido a la Misa, a la Biblia, a la adoración... Mirjana cuenta una anécdota de los primeros años de apariciones: "Una vez pregunté a la Virgen quiénes eran los no creyentes y me contestó: *–Todos aquellos que no sienten la Iglesia como su casa y a Dios como su Padre–*. Un día en Medjugorje la Iglesia estaba llena de peregrinos. Rezábamos y cantábamos. Cuando nosotros seis, niños aún, le preguntamos si estaba contenta viendo tanta gente en la Iglesia rezando y alabando a Jesús, con una mirada triste contestó: *–Los que están rezando en la Iglesia se pueden contar con los dedos de una mano–* ".

Si los propios creyentes no dan testimonio del amor de Dios, ¿cómo ayudaran a los que no lo conocen?. Mirjana cuenta a este respecto algo que le ocurrió en Medjugorje: "Cuando en una ocasión llegué a la Iglesia una tarde, me alegré de ver un asiento vacío y pensé que había tenido suerte puesto que me dolía mucho la espalda. Tan pronto como me senté, peregrinos italianos se me acercaron gritándome todos al mismo tiempo, y diciendo: *–Levántate, ese es nuestro lugar. Nosotros hemos llegado antes–*. Me ruboricé y abandoné el asiento sin decir una palabra. Había una señora allí que me reconoció y les explicó que yo era la vidente Mirjana. Los peregrinos comenzaron a disculparse y me ofrecieron tomar asiento donde quisiera. Les pregunté: –¿Qué hubiera sucedido si una no creyente hubiera estado visitando por primera vez una iglesia católica? ¿Piensan que ella desearía venir alguna vez más? Y entonces, ¿quién sería el responsable?–".

EJEMPLO
Ya no la dejaré nunca más

Valérie era una joven muchacha francesa. Vivía como suelen vivir los jóvenes de su edad: sin creer ni practicar su fe. Ella no se preocupaba de ese Dios lejano del que por cierto nadie le hablaba. ¿El Catecismo? Hacía años que no iba. Su abuela era la única que seguía yendo, todos los Domingos, a Misa. Ella decía: "Oh, hay que dejarla... se está poniendo vieja... ¡si es lo que le gusta no vamos a contrariarla!"

Pero un día la abuela decide ir a Medjugorje desde Francia... ¡en autobús! ¡Es una locura! Con la mala salud que tiene. ¡Pero lo desea tanto! Entonces propone a su nieta que le acompañe. El trato es el siguiente:

–Yo te pago el viaje. Ya verás. Yugoslavia es muy hermosa y, a cambio, tú te ocuparás de mí.

Valérie acepta. ¿Un viaje pagado y la posibilidad de conocer otro país? ¿Por qué negarse? Total, son sólo unos cuantos días...

Una vez en Medjugorje Valérie no muestra el más mínimo interés por lo que se refiere a la fe. Acompaña a su abuela a los distintos sitios pero para ella todo eso no son más que cuentos. Una noche Valérie lleva a su abuela a la Cruz Azul.

La Cruz Azul es un lugar donde fueron los videntes en 1981 cuando la policía les prohibió ir al Podbrdo. Sucedió entonces un hecho extraordinario: tuvieron allí una aparición de la Virgen. Los militares comunistas los buscaban y de hecho pasaron a pocos metros de distancia de los jóvenes. A pesar de que éstos estaban orando y cantando los militares ¡ni los vieron ni los escucharon!. Desde entonces la Virgen se les apareció con frecuencia en ese lugar. Luego alguien erigió una cruz y después se pintó de azul. Es un lugar especial donde se derrama mucha gracia. Los peregrinos suelen ir allí a orar. Está a pocos metros de la subida al monte de las apariciones.

Aquella noche se ha reunido bastante gente. El vidente Iván está allí y está a punto de tener su aparición diaria. Valérie no puede creer que todas aquellas personas piensen que realmente la Virgen va a estar allí. Para ella todo eso es una locura. Seguramente es la única que no espera absolutamente nada.

De pronto se hace un perfecto silencio. Valérie mira por encima de la gente por curiosidad y se queda pasmada: allí delante está ¡la Santísima Virgen María!. Sí, ¡es Ella! ¡es realmente Ella! Valérie no lo puede creer. ¡La está viendo! ¡Y sonríe con una sonrisa que no es de este mundo! Así trascurren dos minutos, dos minutos de cielo para la joven. Intentando verla mejor Valérie sube a una piedra para que no le estorbe la gente que tiene delante. Su abuela percibe que la nieta ve algo e intenta seguirla… pero ella ya no es tan joven. Un movimiento torpe y las dos, abuela y nieta, caen al suelo. Cuando Valérie se repone la aparición ha terminado. Es la única que ha podido verla aquella noche, aparte, naturalmente, de Iván.

La chica, más tarde, consulta su experiencia con una religiosa que vive en Medjugorje:

–Pero hermana, dígame: ¿por qué se me apareció a mí y no a alguien más, siendo que todos ustedes eran quienes venían para orarle a ella?.

–¡Quizás sea precisamente por eso! Tú eras la única que no oraba, que ni siquiera la esperaba. Ella te buscaba hacía tiempo, entonces anoche quiso que tú la encontraras. Ella es tu madre y no te dejará nunca más, ¿sabes?.

–¡Yo tampoco la dejaré jamás! Si usted hubiera visto, hermana, qué hermosa era, ¡pero qué hermosa!

Valérie volvió a Francia con el don más grande que le podían regalar: el don de la fe.

La cruz azul

VIDA ETERNA

Los que hicieron el bien resucitarán para la vida eterna; pero los que hicieron el mal resucitarán para su condenación

(Juan 5, 29)

El objetivo final de la Virgen, como Ella misma dice, es conducirnos a la vida eterna. Es decir: llevarnos al Cielo. Quiere que nuestra alma, después de la muerte, se salve y vaya con Dios. En un mundo materialista que ya no habla ni cree en la vida después de la muerte Medjugorje nos recuerda que tenemos un alma, ¡y hay que salvarla!. Nos recuerda que si morimos con pecados graves nuestro destino eterno será el Infierno. Nos recuerda que de nada vale todo lo que hagamos aquí si después no vamos al Cielo:

–*Dios me envía a ayudarlos y a guiarlos al Paraíso que es su meta* (25-9-1994)

–*Yo deseo que ustedes comprendan que esta vida dura poco en comparación con la del Cielo… deseo que todos ustedes se salven y estén conmigo en el Cielo* (27-11-1987)

–*No olviden que están en la tierra de camino hacia la eternidad y que su morada está en el Cielo* (25-7-2000)

–*Deseo, hijos míos, que cada uno de vosotros se enamore de la vida eterna, que es su futuro, y que todas las cosas terrenales os sean de ayuda para que os acerquéis a Dios Creador* (25-1-2009)

–*Sed conscientes, hijos míos, de que la vida es breve y os espera la vida eterna según vuestros méritos* (25-5-2019)

Con esta finalidad la Virgen mostró a los videntes el increíble espectáculo que supone la otra vida. De forma especial lo mostró a Vicka y a Jakov.

Era el año 1981. Vicka y Jakov se encontraban en casa de éste último. Jakov vivía con su madre, Jaka, en una casa muy pobre, de dos cuartos diminutos. Era la hora de comer y estaban hambrientos. Jaka les preparó una comida. Ellos entraron en la otra habitación. Pero cuando Jaka fue a por ellos… ¡ya no estaban! ¿Por dónde habían salido? Jaka buscó por todas partes, preguntó a las vecinas: nadie sabía nada, nadie había visto nada. A la media hora creyó escuchar ruido en la habitación vacía. ¡En efecto! Allí estaban nuevamente Vicka y Jakov. ¿De dónde venían? Vicka fue la que contó lo ocurrido con más detalles: "La Virgen vino al cuarto y nos propuso ir con Ella al Cielo, al Purgatorio y al Infierno. Tras un momento de duda dijimos que sí. Ella nos cogió de la mano. Se abrió el techo y nos encontramos en esos sitios…"

* * *

Muchos cristianos dicen que no creen en el Infierno. Parece darles igual las clarísimas enseñanzas de Jesús en el Evangelio y de la Iglesia a lo largo de los siglos sobre este tema. O quizás a esos creyentes no les convenga creer en el Infierno para no tener que cambiar su vida, ni convertirse de sus pecados y vicios, ni tener que pensar en la responsabilidad de sus actos...

Sea como sea hemos dejado en el olvido esta verdad de nuestra fe: la existencia del Infierno eterno. Todo el que muere en pecado mortal se condena para siempre en el Infierno. A algunos les parecerá incomprensible. Pero no por eso deja de ser cierta esta verdad revelada por Dios.

De su visita al Infierno Vicka narra lo siguiente: "Es un lugar terrible. Hay un fuego enorme en el medio, pero ese fuego no es como los que conocemos en la Tierra. Hemos visto a personas totalmente normales, como aquellas que encontramos en la calle, tirarse ellas mismas al fuego. Nadie las empujaba. Cuando salían de allí, parecían bestias feroces, blasfemando y gritando su odio y su rebelión... Nos era difícil pensar que todavía eran seres humanos ya que estaban tan cambiados y desfigurados... Estábamos aterrorizados ante lo que veíamos y no entendíamos como algo tan horrible podía suceder a esas personas. Vimos inclusive a una joven muy bella tirarse al fuego. Después ella se parecía a un monstruo".

La Virgen explicó a los chicos lo que veían:

–*Esa gente va al Infierno por su propia voluntad. Es su elección, su decisión... Dios ha dado a cada uno la libertad.*

Vicka quiso saber si esas personas saldrían algún día de allí:

–*El Infierno no tendrá fin; aquellos que están allí no quieren recibir nada de Dios; han elegido libremente estar lejos de Dios ¡para siempre! Dios no puede forzar a nadie a amarlo... Les mostré esto para que sepan que existe y para que lo digan a los demás.*

¡Dios ha hecho tanto por nosotros! Ha muerto en la cruz, nos ha dejado los sacramentos, los mandamientos, la ayuda de la oración... Pero muchas personas viven su vida al margen de todo esto. No piensan en su alma, ni en la eternidad, ni en la gravedad del pecado... Desprecian los dones de Dios. Nunca tienen tiempo para Él. Dice la vidente Ivanka: "Él no se alejó de nosotros, sino que nosotros nos olvidamos de Él. Su amor hacia nosotros es tan grande, que nunca nos abandonará".

La Virgen, en Medjugorje, nos hace caer en la cuenta de lo serio que es este tema:

–*Hoy en día muchos van al Infierno. Dios permite que sus hijos sufran en el Infierno debido a que cometieron pecados graves y no se arrepintieron. Los que están en el Infierno no tienen la oportunidad de conocer un lugar mejor* (25-6-1982)

–*Los hombres que van al Infierno no desean ya ningún beneficio de Dios. No se arrepienten, ni cesan de rebelarse y blasfemar* (10-1-1983)

–*Aquellos que dicen: "No creo en Dios", qué difícil será para ellos cuando se acerquen al Trono de Dios y escuchen la voz: "Entra en el Infierno"* (25-10-1985)

* * *

La fe nos enseña que las personas que mueren sin pecado mortal pero no están todavía preparadas para entrar en el Cielo (por tener faltas pequeñas o no haber hecho suficiente penitencia por sus pecados graves ya perdonados) van al Purgatorio. Allí sufren un proceso de purificación, más o menos largo según el estado de cada alma, para poder acceder a la Gloria del Paraíso puras y limpias. Las almas del Purgatorio están salvadas. Ninguna irá al Infierno. Cuando termina su purificación van al Cielo.

Vicka cuenta del Purgatorio: "Es un lugar muy sombrío y no podíamos ver casi nada a causa del humo, muy espeso, color ceniza. Sentíamos que había mucha gente allí, pero el humo nos impedía ver sus rostros. Sí podíamos oír sus quejidos y sus gritos. Esas personas se encuentran allí en gran número y sufren mucho".

La Virgen ha hablado del Purgatorio:

–En el Purgatorio hay bastantes niveles; el más bajo está cerca del Infierno, y el más alto gradualmente se acerca al Cielo. Es el día de Navidad y no el de Todos los Santos cuando un gran número de almas abandonan el Purgatorio. En el Purgatorio hay almas que oran ardientemente a Dios y por las que no reza ningún pariente o amigo en la tierra. Dios hace que se beneficien de las oraciones de otras personas y permite que ellas mismas se manifiesten en diferentes formas cerca de sus parientes en la tierra para recordar a los hombres la existencia del Purgatorio (10-1-1983)

Las almas del Purgatorio no pueden hacer nada por si mismas para abreviar su purificación. Pero nosotros, orando por ellas, podemos abreviar su proceso y adelantar su entrada en el Cielo. Es un acto de amor muy hermoso rezar por ellas, sobre todo por nuestros parientes y amigos. Lo más fuerte que podemos ofrecer por su descanso eterno es la Santa Misa y el rezo del Rosario. La Virgen ha pedido que recemos por estas almas que luego, a su vez, rezaran por nosotros en el Cielo:

–Hoy deseo invitarlos a orar cada día por las almas del Purgatorio. Cada alma necesita de la oración y la gracia para alcanzar a Dios y el amor de Dios. A través de ellos, queridos hijos, ustedes ganarán nuevos intercesores que los ayudarán a comprender en su vida que las cosas de la tierra no son importantes sino que sólo el Cielo es la meta a la cual ustedes deben aspirar (6-11-1986)

–En el Purgatorio hay un gran número de almas desde hace mucho tiempo porque nadie reza por ellas (21-7-1982)

Las almas del Purgatorio no vuelven a la tierra para ir a otros cuerpos, ni están por aquí vagando sin saber que están muertas. Un cristiano no puede creer en la reencarnación, ni en espíritus perdidos:

–En el momento de la muerte se está consciente de la separación del cuerpo y del alma. Es falso enseñar a la gente que uno vuelve a nacer varias veces y que se pasa por distintos cuerpos (24-7-1982)

* * *

La Virgen también mostró a Vicka y a Jakov el lugar de los elegidos. Vicka cuenta lo siguiente: "Es un espacio grande, sin límites. Allí hay una luz que no existe en la Tierra. Vi a muchas personas, y todas son muy, muy felices… Ellos se comunican entre sí de una forma inexistente en la Tierra y se conocen desde su interior. Están vestidas con túnicas largas… Tenían alrededor de treinta años. Eran hermosos, muy hermosos… ¿Es difícil ir al Cielo? No, no lo es. ¡El Señor nos ha creado para la vida eterna gozosa junto a Él! ¡Ha muerto por ti y te ha dejado la ayuda de sus sacramentos! ¡Él desea tener a todos junto a Si en la Gloria celestial! Si vivimos agradando a Dios con nuestra vida, abandonándonos en sus manos y cumpliendo su voluntad nada debemos temer. La Virgen dijo:

—*Ustedes no tendrán felicidad en esta tierra ni vendrán al Cielo, si no guardan puros y humildes sus corazones y si no cumplen la Ley de Dios* (2-2-1990)

¿Es difícil ir al Cielo directamente tras morir, sin pasar por el Purgatorio? Solemos pensar que sí, que hay que hacer cosas muy extraordinarias para ir directamente al Cielo. La Virgen, en Medjugorje, corrige nuestro error. Dios no nos pide cosas extraordinarias. Pide que cumplamos con humildad su voluntad, según nuestros propios deberes, alejándonos del pecado. La mamá de Jakov, Jaka, murió el 5 de Septiembre de 1983. La Virgen dijo al pequeño que ya estaba en el Cielo. ¿Había hecho algo extraordinario? No. Ella simplemente hizo sus tareas ordinarias (en la familia, en la casa…) por amor a Dios. Vivía con pobreza una vida humilde. Cuando preguntaron a Jakov qué es lo que había hecho de especial su madre para estar ya en el Cielo respondió: "¡Era una buena cristiana! Tomó en serio los mandamientos de Dios, todo lo que Dios nos invita a vivir. Fue lo que ella hizo cada día, fielmente".

Incluso el que haya pecado mucho puede ir directo al Cielo si, antes de morir, arrepentido, aprovecha todos los medios que Cristo ha dejado a su Iglesia:

—*Quien haya hecho mucho mal durante su vida puede ir derecho al Cielo, si se arrepiente de lo que hizo, se confiesa y recibe la Comunión al final de su vida* (24-7-1982)

—*Para aquellos que vivan la Palabra de mi Hijo y la amen, la muerte será la vida* (2-8-2015

En Agosto de 1981, al comienzo de las apariciones, Marija recibió un día el siguiente mensaje de la Virgen:

—*Hay un gran combate entre mi Hijo y Satanás. Lo que está en juego son las almas.*

Para eso ha venido Ella. Para que no descuidemos la salud de nuestra alma. Para que nos paremos y reflexionemos: ¿cuál será mi destino eterno? ¿el Cielo o el Infierno? Una de las dos cosas ha de ser: o nos salvamos o nos condenamos. Según sea nuestra vida así será nuestra eternidad. El vidente Jakov, a los que le preguntan sobre lo que vio del Cielo, les responde con otra pregunta: "¿Estamos nosotros en cada momento listos para el Paraíso? ¿Estoy en este momento preparado para presentarme ante Dios?".

60

Somos nosotros los que libremente decidimos nuestro destino eterno. Es nuestra libertad, es nuestra decisión:

–Vosotros, hijos míos, sois libres para que en libertad os decidáis por Dios o contra Él. Ved como Satanás quiere arrastraros al pecado y a la esclavitud (25-1-2016)

–No renunciéis a la salvación y a la vida eterna por ir tras lo fugaz y la frivolidad de la vida (2-8-2009)

–No os engañéis con los bienes terrenales. Pensad más en vuestra alma, porque ella es más importante que vuestro cuerpo; purificadla (2-11-2009)

–La vida es breve, aprovechad este tiempo para hacer el bien (25-4-2016)

La Virgen reveló en Medjugorje sobre el destino de los que actualmente mueren:

–La mayoría de la gente va al Purgatorio. Muchos van al Infierno. Un pequeño grupo va directamente al Cielo (2-2-1990)

Dice la vidente Ivanka: "El ser humano, alejado de Dios, piensa que el objetivo de la vida es material, es decir, tener y lograr cuanto más sea posible, mientras que Nuestra Señora cada día nos invita y desea llevarnos hacia su hijo Jesús". ¿Qué camino vas a elegir tú?

Vicka y Jakov.
Los dos fueron llevados al Infierno, al Purgatorio y al Cielo.

Vicka dice:
"La Virgen nos dice que hay muchas personas que viven en la tierra pensando que todo acaba cuando se mueran, pero Ella dice que no, que nos engañamos si pensamos esto. Que aquí somos simples pasajeros, porque la vida continúa después"

EJEMPLO
Yo tenía un pie en el Infierno y no lo sabía

Patrick, canadiense, llevaba una vida bastante loca. Se casó tres veces y se divorció dos (siempre por culpa de él, ya que era infiel a sus esposas). Trabajaba en el mundo de los coches en Canadá y durante treinta años su único Dios fue el dinero. Conocía todos los trucos (legales o no) para aumentar su capital. No tenía ni siquiera una Biblia en casa y cuando su hijo le preguntó un día: "Papá, ¿qué es Dios?", le dio un billete de veinte dólares y le dijo: "¡Aquí está tu dios! Cuanto más dinero tengas, más cerca estarás de Dios".

Estaba bautizado y era católico pero no tenía ninguna relación con la Iglesia y jamás había tenido fe. Vivía con Nancy sin estar casado con ella (llevaban siete años). Le parecía muy normal: todo el mundo hacía lo mismo. Pero un día decidieron casarse: organizaron una megafiesta en la montaña, con helicóptero incluido. Fue una ceremonia civil. Seis semanas más tarde Nancy dijo:

–¡No me parece estar casada! Mi mamá no vino y no tuvimos ninguna ceremonia religiosa.

Con tal de contentarla Patrick accedió a casarse por la Iglesia. Fue entonces cuando descubrió que su primera mujer (con la que sí se había casado religiosamente) había pedido y obtenido de la Iglesia la nulidad del matrimonio. No existía, pues, ningún inconveniente en que se casaran en la Iglesia Católica. Y así lo hicieron. Antes tuvo que confesarse. Pero fue una confesión sin el corazón. Después de casarse, en cuanto a lo religioso, siguieron igual: ni rezar, ni ir a Misa…. Sus cuatro hijos tenían vidas difíciles y hasta catastróficas (alcohol, droga, divorcios…). Pero Patrick no se alarmaba: total, ¿quién no tiene problemas en casa?.

Así estaban las cosas hasta que llegó el momento de Dios, el momento de la gracia. Con ocasión de una mudanza encontraron un paquete que el hermano de Nancy (que vivía en Croacia) les había enviado hacía años. En él había información sobre las apariciones de la Virgen en Medjugorje y sus mensajes. Patrick fue el encargado de tirar aquella cosa "inservible". A partir de ahora dejaremos que él mismo nos narre lo ocurrido:

"Era un sábado por la noche. Recuerdo muy claramente cuando abrí el paquete que contenía los primeros mensajes de Medjugorje que el hermano de Nancy había traducido cuidadosamente al inglés y nos había enviado. Saqué una hoja del paquete y leí por primera vez un mensaje de Medjugorje. Y el primerísimo mensaje que leía en toda mi vida era: *Vine para llamar al mundo a la conversión, por última vez*. En ese preciso instante, algo sucedió en mi corazón. Esto no ocurrió en una hora, ni en diez minutos; ¡fue instantáneo! Mi corazón comenzó a derretirse y empecé a llorar. Me era imposible parar; las lágrimas corrían por mis mejillas en un flujo ininterrumpido. Nunca había leído algo parecido a este mensaje. No sabía nada de Medjugorje, ¡ni siquiera que existía ese lugar! Ignoraba todo de los mensajes. Lo único que había leído era: *Vine para llamar al mundo a la conversión, por última vez.* ¡Y yo sabía que esto era para mí! Sabía que la Santísima Virgen me estaba hablando, ¡a mí!

El segundo mensaje que leí fue: *¡Vine a decirles que Dios existe!.* Me parece que nunca en mi vida creí en Dios antes de leer aquel mensaje. ¡Con él, todas las cosas adquirían realidad! ¡Toda la enseñanza católica que yo había recibido siendo niño era real! Ya no se trataba de un cuento de hadas o de una linda fábula completamente inventada. ¡La Biblia era real!

¡Ni hablar de deshacerme de los mensajes! Empecé a leerlos uno por uno, hasta el último. No podía sacar los ojos de encima de ese libro, y durante una semana lo guardé siempre a mano, a pesar de la confusión general ocasionada por la mudanza. Lo leía, lo releía y los mensajes penetraban más y más hondamente en mi corazón y en mi alma. ¡Tenía ahí el tesoro de los tesoros!

Durante la mudanza oí hablar de un fin de semana mariano en Eugene (Estados Unidos) a dos días en coche de donde vivíamos.

–¡Vamos! –le dije a Nancy.

–¿Y la casa?

–¡No importa!

Allí encontré a miles de personas que sentían lo mismo que yo por la Santísima Virgen y acerca de su manera de hablar al mundo actual.

Todos tenían libros de Medjugorje, Fátima… ¡Yo nunca había visto tal cosa! Durante la Misa hubo una oración de sanación. El Padre Ken Roberts nos dijo:

–¡Consagren sus hijos al Corazón Inmaculado de María!

Me puse de pie, siempre llorando, puesto que no había parado de llorar desde mi primer mensaje de Medjugorje, y le dije a María:

–Madre bendita, ¡toma a mis hijos! ¡Te lo suplico porque fui un padre lamentable! Sé que tú te ocuparás de ellos mejor que yo.

Y consagré a mis hijos. Esto me causó una gran emoción, porque verdaderamente yo no sabía qué hacer con ellos. Sus vidas habían sobrepasado la fase de la decadencia. Pero, después de ese fin de semana, las cosas comenzaron a cambiar en nuestra familia. El padre Roberts había dicho:

–¡Renuncien a lo que más les guste!

Me gustaban mucho Nancy y el café… ¡Opté por el café!

Los mensajes de Medjugorje han sido la gran gracia de mi vida. Me han transformado completamente. Yo hubiera podido seguir con el ciclo de divorcios. ¡Al fin y al cabo tenía tanto dinero! Pero ahora, la sola idea del adulterio está excluida para mí. El amor que la Santísima Virgen María ha depositado entre Nancy y yo es verdaderamente increíble. Es una gracia de Dios.

Mi hijo, que se drogaba y había sido echado de su colegio a los dieciséis años, se convirtió, se hizo bautizar y está pensando en el sacerdocio. La Virgen dice: *Si alguien en una familia da el primer paso, yo haré el resto.* ¡Y es así! Basta con que un mensaje de Medjugorje toque a un miembro de una familia para que poco a poco toda la familia se dé la vuelta. En cuanto a mi otro hijo, no practicante notorio, vino a Medjugorje el año pasado y allí encontró la fe (confesión, primera comunión…). Mis otros hijos, así como mis padres, también van por buen camino, aunque no todo sea siempre fácil.

Ocho días después de haber descubierto los mensajes, le dije a Nancy:

—¡Nos vamos a Medjugorje!

Aquí vivimos desde 1993. Llegamos al pueblo sin nada. Al cabo de tres días, la Virgen nos había conseguido techo y trabajo. Nancy le sirve de traductora al padre Jozo. En cuanto a mí, toda mi vida consiste ahora en hacer conocer los mensajes por todos los medios posibles. Quiero inmensamente a la Virgen María; Ella me salvó la vida. ¡Yo tenía un pie en el Infierno y ni siquiera lo sabía!".

El autor de este libro,
Padre Álvaro, junto a Patrick,
en Medjugorje

CONVERSIÓN

Convertíos y creed en el Evangelio
(Marcos 1, 15)

Medjugorje es un acontecimiento de gracia para el mundo actual. Un acontecimiento que deberíamos aprovechar. ¿Cómo? Convirtiéndonos a Dios. Este es el mensaje que resume todos los demás. Sin conversión no puede haber ni paz, ni fe, ni vida eterna gloriosa en el Cielo.

La conversión es el camino que nos señala la Virgen. Es una llamada para todos: tanto para los que están muy lejos de Dios como para los creyentes. Todos deben convertirse a una mayor radicalidad en su fe, sin pensar que esta llamada es para otros y no para nosotros:

–Los invito a la conversión. Este es el mensaje más importante que Yo les he dado aquí (25-2-1996)

–Conviértanse. Apresúrense a proclamarlo. Digan a todos que es mi deseo y que no cesaré de repetirlo. ¡Conviértanse, conviértanse! (25-4-1983)

–Mi Hijo sufre mucho porque el mundo no se convierte (26-9-1986)

–Aunque yo, mis queridos ángeles, deje una señal, mucha gente no creerá. Muchos se limitarán a venir aquí y a hacer reverencias. Pero la gente debe convertirse y hacer penitencia (21-7-1981)

–Para ustedes que tienen fe, este momento constituye una gran oportunidad para convertirse y profundizar en la fe (Año 1983)

–Los invito a la conversión personal. Ustedes se preocupan demasiado de las cosas materiales y poco de las espirituales. Abran sus corazones y de nuevo trabajen más en su conversión personal (25-4-2000)

–Su vida debe ser una conversión diaria (25-2-1993)

Es una llamada seria porque si Dios está permitiendo a la Virgen venir durante tanto tiempo es porque se trata de algo importante:

–Acéptenme seriamente. Cuando Dios irrumpe entre los hombres no viene a bromear sino a decir cosas serias (Año 1983)

* * *

Para convertirse hace falta volver a Dios. Hemos construido un mundo en el que Dios está lejano: familias sin Dios, vidas sin Dios, trabajos sin Dios... Incluso los que se dicen creyentes tienen a Dios nada más que para acudir a Él en sus problemas o dedicarle los dos últimos minutos del día.

La conversión empieza por poner a Dios en el centro de nuestras vidas, por acercarse a Él, regresar a sus brazos tiernos y misericordiosos. Esto implica abrirnos a la voluntad de Dios y desear que nuestras ideas, valores, reglas, principios, moral se guíen según sus mandamientos:

—El Occidente ha hecho progresar la civilización pero sin Dios, como si ellos fueran sus propios dioses (12-10-1981)

—Decídanse seriamente por Dios, porque todo lo demás pasa. Sólo Dios no pasa (25-5-1989)

El primer paso es reconocer que necesitamos a Dios y que no somos perfectos. Mirjana dice: "La conversión empieza cuando admites que estás perdido". Esto implica reconocer nuestro pecado. Y, una vez reconocido, romper con él. Hay que abandonarlo, hay que hacerlo un "extraño" en nuestra vida. El pecado es lo que nos aparta de Dios, lo que le ofende y le desagrada, lo que rompe nuestro equilibrio con el Señor y con nosotros mismos. Lo que nos lleva a la condenación.

Hoy día muchos creyentes apenas reflexionan sobre si tienen pecados o no. Creen que para agradar a Dios basta con rezar algo y procurar ser "buena gente". No miran los mandamientos, ni creen que el Señor o la Iglesia deban meterse en ciertos aspectos de su vida. Y así, nos encontramos muchos pecados incluso en los mismos creyentes: envidias, soberbias, avaricias, robos, odios, violencias, críticas y murmuraciones, fraudes, impureza sexual, no respetar la castidad dentro del matrimonio, recelos, rencores, borracheras, no ir a Misa el Domingo….

La Virgen es contundente. Pide que luchemos seriamente contra el pecado:

—¡Ay, si ustedes supieran como el mundo está sumergido en el pecado hoy en día! (6-11-1983)

—Ahora, como nunca antes, Satanás quiere mostrar su rostro ignominioso con el cual quiere seducir a la mayor cantidad posible de personas y llevarlas por el camino de la muerte y el pecado (25-9-1991)

—Ustedes están listos para pecar y ponerse en manos de Satanás, sin reflexionar. Yo los invito a cada uno a decidirse conscientemente por Dios y contra Satanás (25-5-1987)

—Hagan que la gente se convierta lo más posible. Hay muchos pecados, vejaciones, blasfemias, mentiras y otras cosas malas. Que se conviertan, se confiesen y reciban la Sagrada Comunión (23-6-1982)

—Yo los amo y deseo protegerlos de todo mal, pero ustedes no lo quieren así. Queridos hijos, no puedo ayudarlos si ustedes no viven los mandamientos de Dios, si no viven la Misa, si no abandonan el pecado (25-10-1993)

—¡Queridos hijos! Hace ya mucho tiempo que os estoy dando mi corazón materno y ofreciéndoos a mi Hijo. Vosotros me estáis rechazando. Estáis permitiendo que el el pecado os venza más y más. Estáis permitiendo que os domine y os quite vuestro poder de discernimiento (2-5-2009)

—Cada pecado ofende el amor y os aleja de Él (2-9-2010)

—Mi Hijo, por su muerte en la cruz, os ha enseñado cuánto os ama. Se ha sacrificado por vosotros, por causa de vuestros pecados. ¡No rechacéis su sacrificio y no renovéis

sus sufrimientos con vuestros pecados! No os cerréis vosotros mismos las puertas del Paraíso (2-5-2012)

El vidente Ivan, preguntado por el motivo por el cual a veces la Virgen aparecía triste respondió: "Está triste por el aborto, por los divorcios, por la falta de paz en el mundo y, durante estos últimos años, a causa de los tristes casos que han sucedido en la Iglesia" (se refiere a los terribles casos de abusos sexuales por parte de algunos sacerdotes sobre niños y jóvenes).

* * *

Desgraciadamente cada vez con más frecuencia las personas creyentes que peregrinan a Medjugorje van con una actitud de poca conversión. Y esto a veces incluye a los sacerdotes que preparan la peregrinación. Parece que lo importante es estar a gusto en el lugar, poder ver a los videntes, tener la suerte de presenciar algún milagro o signo sobrenatural, estar presente en alguna aparición, llevarse recuerdos, sacar fotos y vídeos.... Todo esto no sirve de nada si no nos convertimos. Podemos ir a Medjugorje, estar hablando con los videntes, estar presentes en una aparición privada, presenciar signos sobrenaturales... si no tomamos el camino de la conversión no nos ha servido de nada. Los mismos videntes se extrañan de que algunos peregrinos tan sólo quieran tocarlos y hablar con ellos como si eso fuera lo importante. Esta mentalidad no es cristiana sino más bien mágica: pensar que basta tocar al elegido de Dios para obtener una gracia. La gracia sólo viene de la oración, los sacramentos, la conversión personal.

Jakov decía a un grupo de peregrinos: "Cuando vosotros, peregrinos, venís a Medjugorje, ¿por qué venís? La razón principal no debemos ser nosotros los videntes. Tampoco debéis venir buscando una señal en el cielo o algo así. Tened en cuenta que si Dios os quiere dar una señal os la dará sin que la busquéis, y si no os la quiere dar, no la veréis por mucho que la busquéis. La más grande señal de Medjugorje es la conversión. Cambiad vuestra vida aquí y ahora, empezad una vida nueva, pero con Dios. Y lo que es más importante aún, llevad esa vida nueva a vuestras casas, porque creo que vuestra verdadera peregrinación empieza justamente cuando volvéis a casa... Yo, muchas veces, digamos que me enfado un poco, porque no puedo entender cómo la gente no comprende. Me refiero a que muchos de los que vienen aquí ven lo que ocurre, aceptan durante unos días lo que pasa, y al volver a casa lo olvidan. Esto me molesta, porque la Virgen nos habla con gran amor y de su gran amor hacia nosotros. En una ocasión dijo: *Queridos hijos: si supierais cuánto os amo, lloraríais de alegría*. Eso nos dice todo. Ahora, cada uno de nosotros debe preguntarse: ¿Esta la Virgen María triste por mí? ¿Puedo hacerlo mejor? ¿Qué puedo hacer yo por ella?".

El 2 de Octubre del año 2011 fue una aparición muy impactante para Mirjana. Ella nos cuenta: "Nuestra Señora me mostró algo durante aquella aparición de lo que no puedo hablar, pero lo que más me afectó fue la intensa tristeza de su rostro. He visto mujeres en la tierra que estaban sufriendo, pero nada comparado al dolor del rostro de de Nuestra Señora. En cierto modo, envidio a quienes no han sido testigos de su tristeza. Lo que más le duele es cuando ve que ni siquiera hemos intentado cambiar, cuando nuestros corazones se mantienen duros e indiferentes, cuando hemos escogido el camino de la perdición y no el de la salvación. Tiene mucho amor y paciencia, y hace mucho por nosotros, pero a menudo nosotros somos sordos a su llamada y reacios a dar incluso el más leve paso adelante. Imagina una madre aquí en la tierra cuyo hijo ha caído con la gente equivocada y vive en la oscuridad. Ya ni habla con su madre porque sabe lo molesta que está con él. Piensa en el dolor de esa madre. Ahora, multiplica ese dolor por mil millones e imagina que la miras a los ojos. Eso es a lo que se parece Nuestra Señora cuando reza por tantísimos hijos suyos que van por el mal camino".

Después de esa aparición Mirjana estaba derrumbada en lágrimas. "La imagen del sufrimiento de Nuestra Señora estaba grabada a fuego en mi mente. Mirando a toda la gente que me rodeaba, sentí como si las apariciones corriesen el riesgo de no ser valoradas. La gente estaba hablando y haciendo fotos. Algunos estaban allí sólo para ver signos visibles y sólo hablarían de lo que vieran. Otros escucharían el mensaje pero lo olvidarían enseguida. Normalmente nunca hago comentarios después de una aparición, pero esta vez tenía algo que decir:

–¿Sois conscientes, hermanos y hermanas, de que la Madre de Dios ha estado con nosotros? Todos deberíamos preguntarnos: –¿Yo merezco esto?–. Lo digo porque es difícil para mí verla sufrir. Todos estamos esperando un milagro, pero no queremos trabajar por que haya un milagro en nosotros...

Cuando describí la tristeza de Nuestra Señora a un grupo de peregrinos, una mujer sacudió la cabeza y dijo:

–¿Cuándo cambiará este mundo? ¿Cuándo comprenderá la gente?

–No es eso lo que debemos preguntarnos –dije–. Al contrario, tenemos que preguntarnos: ¿cuándo cambiaré yo? ¿cuándo comprenderé yo?. No podemos echar la culpa a los demás. Tenemos que comenzar por nosotros mismos y sólo luego podemos ayudar a los demás. La única alma que necesito examinar es la mía. Cuando me llegue la hora de comparecer ante Dios, Él no me preguntará por ti. Él sólo preguntará si yo respondí bien a su llamada".

"Estuve enferma tres días tras esa aparición –cuenta Mirjana al hablar del encuentro con la Virgen del 2 de Octubre de 2011–. La faz dolorosa de Nuestra Señora permanecía ante mis ojos. Creí que iba a morir. Por medio de la oración, sin embargo, Dios poco a poco alivió mi mente. Resurgí con la convicción de que, con perseverancia, podemos enjugar las lágrimas de Nuestra Señora y paliar su dolor". Si nos convertimos sinceramente alegramos a la Virgen, al Señor, al Cielo entero:

–Él (Jesús) nunca los ha abandonado: aun cuando han procurado alejarse de Él, Él de ustedes no se ha alejado. Por eso mi Corazón materno se siente feliz cuando ve que, llenos de amor, regresan a Él; cuando veo que acuden a Él por el camino de la reconciliación, del amor y de la esperanza (2-8-2019)

Foto de Mirjana durante la aparición del 2 de Octubre del año 2011, en la cual tuvo la experiencia de la tristeza de la Santísima Virgen María. La foto es cortesía de un peregrino amigo mío, Manolo, que estuvo presente en la aparición y sin saber lo que iba a pasar ese día sacó esta instantánea.

Nunca olvidemos que la Virgen va a estar siempre a nuestro lado, por muy pecadores que seamos, invitándonos al perdón de Dios. Para Ella cada uno de nosotros es su querido hijo al que no quiere abandonar:

–Yo, queridos hijos, soy incansable y los llamo también cuando están lejos de mi Corazón. Yo siento dolor por cada uno de mis hijos que se pierde, pero soy su Madre y perdono fácilmente y me regocijo por cada hijo mío que regresa a Mí (14-11-1985)

–Han olvidado, queridos hijos, que cada uno de ustedes es importante (24-4-1986)

EJEMPLO
Decidió responder a la Virgen

Pascal había hecho el típico recorrido de todo niño católico: bautismo, primera comunión, confirmación y matrimonio por la Iglesia. Y ahí había quedado todo. Su fe era nula. Dios le dejaba a él en paz y él a Dios. Estaba al margen de su vida. Su mujer, creyente fervorosa, lo irritaba con sus rezos y su piedad.

En Enero de 1994, más por curiosidad que por otra cosa, asistió a una conferencia que daban sobre Medjugorje en Versailles. Había escuchado hablar de los famosos diez secretos y esperaba quizás alguna revelación sensacional. Su decepción fue grande: ese tema ni se tocó. Pascal volvió a casa con un libro de Medjugorje y dos casetes. Sin que él lo supiera la gracia ya estaba actuando.

Decidió leer el libro de los mensajes. Aquella lectura le cambio. ¿Era posible que la Santísima Virgen María nos amara tanto y se preocupara por todos sus hijos descarriados? Aquello le impresionó tanto que decidió él también dar algo, responder a uno de los principales pedidos de la Virgen: fue a confesarse. ¡La cantidad de horrores, como él mismo decía, que tuvo que escuchar de su boca aquel día el sacerdote! ¡Treinta años de pecados! A partir de ahí la Virgen obró en su vida. Oigamos su propio testimonio: "Esta confesión desencadenó muchos cambios en mi vida. Aprendí a orar, a rezar el Rosario y, cuál no sería la sorpresa de mi mujer cuando me uní a un grupo de oración (¡ya que antes no se me podía ni mencionar el tema!). Empecé a ir a Misa, no sólo el Domingo sino muy frecuentemente durante la semana. Y no me iba caminando, ¡sino corriendo! En cada Misa, sentía un gran gozo en mi corazón.

Tengo que decir que después de mi confesión me sucedió algo espectacular: me aquejaba una enfermedad de la piel que me atormentaba desde hacía nueve años. Sufría de un acné purulento, con subinfección de la piel. Tenía el rostro y el pecho enteramente cubierto de granos. ¡Más que granos eran pústulas! Un grano desaparecía, otro grano aparecía enseguida, tanto es así que todo mi rostro estaba marcado por cicatrices. Los médicos me habían hecho tratamiento tras tratamiento, pero nada surtía efecto. Después del sacramento de la reconciliación, los granos desaparecieron por completo, hasta no dejar ningún vestigio (con excepción de algunas pocas cicatrices apenas visibles). En el trabajo mis colegas me preguntaban:

–¿Has cambiado de dermatólogo?

–¡Sí, conseguí el mejor!

Me consagré a María. ¡Cuántas renuncias a mi antigua vida! ¡El odio que yo sentía hacia los demás ha desaparecido completamente! Aun si todavía existen algunos combates espirituales en mi interior, vivo momentos maravillosos y me aferro a la Virgen como un niño que ha reencontrado a su madre".

ORACIÓN

Es necesario orar siempre sin desfallecer
(Lucas 18, 1)

Cuando uno se acerca a los mensajes de Medjugorje se da cuenta, inmediatamente, de lo insistente que es la Virgen con el tema de la oración. Casi todos sus mensajes, de una manera directa o indirecta, son una invitación a orar.

La Virgen, así, nos hace conscientes como la oración es la principal vía para ponernos en contacto con Dios. Si no rezamos será muy difícil que Dios pueda entrar en nuestra vida para iluminarnos, convertirnos y gozar del don de la paz y de la fe. Hasta que no le demos a la oración un puesto importante en nuestra vida no acabaremos de decidirnos por Dios.

Lamentablemente nunca tenemos tiempo para orar. Para otras muchas cosas sí lo tenemos, pero para orar no. Demostramos así que no le damos mucho valor a la oración. "Muchos católicos –explica el vidente Ivan– dicen que no tienen tiempo para rezar. Quien dice eso, dice una mentira. Hay personas que rezan y el día les dura lo mismo que a aquéllas que no rezan y terminan haciendo todo lo que hacen los que se quejan. El problema no es el tiempo sino la falta de amor. Quien no tiene amor tampoco tiene tiempo. Si tiene amor, ya va a encontrar el tiempo para aquel a quien ama".

La Virgen nos dice:

–Sepan que en sus vidas no hay nada más importante que la oración (25-12-1983)

–Sólo les pido que recen con fervor. La oración debe ser parte de la vida diaria de ustedes para permitir que la verdadera fe adquiera raíces (8-9-1981)

–Quiero decirles sólo esto: ¡oren, oren, oren! No sé que otra cosa decirles, porque Yo los amo y deseo que en la oración conozcan mi amor y el amor de Dios (15-11-1984)

–Ustedes, queridos hijos, no estarán en posibilidad de comprender cuán grande es el valor de la oración hasta que no se digan a sí mismos: ¡Ahora es tiempo de orar! ¡En este momento no hay nadie más importante para mí sino Dios! (2-10-1986)

–Es necesario orar mucho y nunca llegar a decir: si hoy no hemos orado no tiene importancia. Deben esforzarse por orar (29-10-1983)

–Deseo llamaros a todos a que seáis fuertes en la oración y en los momentos en que las tentaciones os asalten (25-3-2010)

–Durante el día buscad un lugar donde, en recogimiento, podáis orar con alegría (25-8-2010)

Ella nos indica en breves puntos el valor que tiene la oración:

–Cuando ustedes oran, son mucho más bellos (18-12-1986)

–La oración es la salvación de la gente (9-12-1981)
–Quien ora no tiene miedo al futuro (25-6-2000)
–Sin oración no podrán comprender todo lo que Dios planea para cada uno de ustedes (25-4-1987)
–Mediante la oración se obtiene todo (13-2-1982)

El vidente Jakov dice: "Muchos peregrinos vienen a Medjugorje cargados de preguntas para nosotros los videntes, pero nosotros los videntes no podemos responderlas, es Dios el que puede. Por eso acudid a Él con vuestras preguntas a través de la oración. Si nosotros rezamos, si abrimos nuestro corazón a Dios, Dios hablará al corazón y comprenderemos qué quiere Dios de nosotros".

* * *

En el tema de la oración la Virgen se muestra muy práctica. No quiere que hablemos de cómo rezar sino que recemos. A orar se aprende orando, como a andar se aprende andando:
–No deseo que hablen de oración sino que hagan oración (25-4-1992)
–Oren más y hablen menos (25-2-2015)

Ella enseñó a los videntes, primeramente, a rezar siete padrenuestros, siete avemarías y siete glorias. Muchas personas que viven alejadas de la oración y no están acostumbradas pueden empezar por aquí: todos los días rezar estos siete padrenuestros, siete avemarías y siete glorias. Así nos introducimos en un ritmo de oración diaria. Después se puede pasar a aumentar el tiempo con otras oraciones, entre las cuales debe tener un puesto especial el Santo Rosario, como indicaremos enseguida.

La vidente Mirjana, para los que llevan años sin rezar, aconseja: "Si la oración no es aún una alegría para ti, entonces empieza despacio. Si te fuerzas a ti mismo, lo más probable es que sucumbas a la debilidad, te desanimes y te rindas... Comenzando despacio y haciendo todo desde el corazón, todos podemos alcanzar el tesoro al que Nuestra Señora intenta conducirnos. La suya es una llamada delicada. Nunca exige nada".

La oración diaria, aunque parezca poca cosa, nos hace crecer en gracia y santidad. Explica la vidente Vicka: "La Virgen nos da un excelente ejemplo respecto de ello: todo aquel que tiene una maceta con flores la riega a diario. A simple vista la planta va creciendo hasta tener una hermosa apariencia. Lo mismo ocurre con nuestro corazón. Si cada día lo regamos con un poco de oración, irá creciendo y desarrollándose. Si falta el riego, sentiremos que se va secando. Eso pasa a menudo. Cuando llega el momento de rezar, frecuentemente decimos: -No puedo rezar hoy, lo dejaré para mañana.- Lo mismo pasa al día siguiente, y al otro, y a otro. Y así, en lugar de oración, nuestro corazón se llena con contenidos inapropiados".

Para la Virgen lo importante es que no nos cansemos: que oremos repetidamente hasta que hagamos de la oración un gozo. Es decir: hasta que convirtamos la oración en una necesidad, en un encuentro verdadero con el Señor que produce paz y alegría. Ella no quiere que pongamos excusas: incluso a los hombres que en Medjugorje estaban todo el día trabajando en las duras faenas del campo les pedía que, al regresar por las noches a casa, dedicaran un amplio rato a la oración.

* * *

En Medjugorje es frecuente hablar de la "oración del corazón". Es decir: la oración debe ser hecha con amor. Debe nacer de lo profundo del corazón, de nuestra interioridad. Debe ser auténtica, real, verdadera. No debe ser rutinaria ni por costumbre. Debe dirigirse a Dios como a nuestro Padre, y hablarle de corazón a corazón. Una oración hecha por amor, siendo conscientes de que es un encuentro profundo con el Señor, una relación de amistad viva que establecemos con Él. He aquí algunos breves consejos que la Virgen nos ha dado sobre la oración:

–*Sus corazones se han volcado sobre las cosas materiales y éstas los absorben. Vuelvan sus corazones a la oración* (9-5-1985)

–*Si uno se preocupa mucho, no podrá rezar bien, pues le faltará la serenidad interna* (16-6-1983)

–*Si hay algunos pecados, hay que echarlos fuera, de otro modo no será posible introducirse en la oración. Si se tienen preocupaciones, hay que someterlas a Dios. No deben preocuparse durante la oración* (Año 1985)

–*Deben orar antes de iniciar cada trabajo y terminarlo con oración. Si lo hacen así, Dios los bendecirá a ustedes y su trabajo* (5-7-1984)

–*Que vuestra vida sea una oración continua* (25-9-2010)

–*Apóstoles de mi amor, el poder de la oración, pronunciada desde el corazón -la poderosa oración llena de amor-, cambia el mundo* (2-9-2019)

A veces nuestra motivación para la oración no es correcta. La Virgen también quiere enseñarnos en este punto. Leamos el testimonio del vidente Ivan: "Muchos rezan solamente cuando necesitan algo… En este caso se trata de una oración con una motivación egoísta. Este tipo de motivación no es digno de un cristiano. En uno de sus mensajes la Virgen dice: *No busquen a Dios de acuerdo con sus necesidades, sino por el amor a Dios*".

Tampoco quiere la Virgen que confundamos la oración con lo que no lo es. Hoy día muchos creyentes más que rezar buscan fórmulas que les ayuden a relajarse, a tener más paz interior (fórmulas basadas en el yoga, meditación trascendental, etc…). Preguntada la Virgen sobre esas maneras de orar respondió:

–*¿Por qué las llaman meditaciones cuando se trata de obras humanas? La auténtica meditación es un encuentro con Jesús* (Año 1984)

–*La oración no es un juego. ¡La oración es un diálogo con Dios!* (20-10-1984)

* * *

Entre todas las oraciones la Virgen ha mostrado una predilección especial, igual que en Fátima, por el Santo Rosario. Ha pedido que se rece diariamente, recordando que es una oración poderosa:

–Todas sus oraciones me conmueven mucho, especialmente su Rosario diario (Año 1987)

–Los invito a comenzar a rezar el Rosario con una fe viva (12-6-1986)

–Que su Rosario esté siempre en sus manos como signo para Satanás de que ustedes me pertenecen (25-2-1988)

–Ármense contra Satanás y derrótenlo con el Rosario en la mano (8-8-1985)

–Los Rosarios no son, como hacen muchos, para colgarse por ahí como adornos (18-3-1985)

–El Rosario no es un ornamento para la casa. Díganle a todos que lo recen (18-3-1985)

–Cuando estén cansados y enfermos y no sepan cuál es el sentido de su vida, tomen el Rosario y oren hasta que la oración llegue a ser para ustedes un alegre encuentro con el Salvador (25-4-2001)

–Testimonien con el Rosario en la mano que son míos (25-8-2019)

–El Rosario por sí solo puede hacer milagros en el mundo y en sus vidas (25-1-1991)

–Recen el Rosario cada día, esa corona de flores que me enlaza directamente, como Madre, con sus dolores, sufrimientos, deseos y esperanzas (2-9-2019)

–Rezad el Rosario y meditad los misterios del Rosario, porque también vosotros en vuestra vida atravesáis por alegrías y tristezas (25-9-2019)

Muchos peregrinos han tenido la hermosa experiencia de ver como sus Rosarios, en Medjugorje, mientras lo rezaban, se volvían de color oro. Es una bella manera que la Virgen tiene de decirnos lo valiosa que es esta oración rezada desde el corazón.

EJEMPLO
Sacaron el Rosario del cajón

Sherry y Ron viven en Estados Unidos. Como todos los matrimonios estaban muy ilusionados por tener un bebé. Pero tuvieron que esperar mucho tiempo: ¡ocho años hasta que Sherry se quedó embarazada! ¡La alegría fue total! La primera ecografía mostraba que todo iba bien. Pero después de algunas semanas surgieron algunos problemas: el bebé no se movía como debiera hacerlo a esa altura del embarazo. La segunda ecografía indica una irreversible enfermedad en el corazón. Los médicos lo tienen claro: el bebé morirá en breve.

Un profundo dolor invadió el corazón de los futuros papás. Comenzaron a orar intensamente.   Como era de esperar muchos de sus supuestos "amigos" les aconsejaron el aborto sin esperar la muerte natural del bebé. Sherry y Ron no se hacen a la idea de perder esa vida tan deseada y amada. ¡No hay más remedio que operar a la bebita! Las posibilidades de éxito son mínimas: ¡un 1%!

Sherry se acuerda entonces de un Rosario de madera que una amiga suya, Liz, le había traído de Medjugorje. Estaba en el fondo de un cajón, olvidado junto a otras cosas inútiles. Sherry lo busca y lo encuentra. Le viene a la cabeza una idea: poner el Rosario sobre su vientre mientras reza, apretándolo fuertemente como para hacérselo sentir a a su hijita. Sherry nunca olvidará ese momento: por primera vez la niña empieza a moverse. ¡Hasta parecería que quiere agarrar el Rosario!

Los días siguientes, cuando Sherry y Ron se reúnen para rezar el Rosario la bebita se manifiesta con toda clase de saltos y movimientos en el seno de su madre. Sherry pide que se le haga una nueva ecografía. Durante el examen, mientras Ron reza, el especialista, totalmente sorprendido, llama al cuerpo médico presente para mostrarles la pantalla: ¡todo el exceso de líquido que había impregnado al bebé y que lo llevaba inexorablemente a la muerte ha desaparecido por completo! Los médicos no salen de su asombro: "¡Esto es inexplicable!". Aconsejan a la pareja volver tranquilamente a su casa y dejar al bebé nacer normalmente. Ni hablar ya de operación.

Ana María nació en Septiembre de 1994. ¡Es una niña rebosante de salud y alegría, que corretea por todas partes! Desde que tiene un año, según dice la madre, siente especial atracción por las imágenes de la Virgen.

¿Los padres? Se han convertido en unos auténticos apóstoles del Rosario. Recomiendan su rezo a todos porque han experimentado que realmente puede hacer milagros.

Padre Jozo explicando el poder del Santo Rosario
en una catequesis.
Es importante rezarlo con el corazón, con amor,
para que no sea una simple repetición mecánica.

EL VALOR DEL AYUNO

*Si alguno quiere venir detrás de mí, niéguese a sí mismo,
tome su cruz y sígame*

(Mateo 16, 24)

De acuerdo con las Sagradas Escrituras y con la tradición sagrada de la Iglesia la Virgen en Medjugorje ha hablado de la importancia del ayuno. [11]

¿En qué sentido debemos entender el ayuno desde una perspectiva de fe? El ayuno no es solo no comer. El ayuno supone una renuncia a algo valioso y necesario (en principio la comida) como signo que expresa que hay algo todavía más valioso e importante: Dios. Ayunar, por lo tanto, es reconocer que Dios es siempre mayor que las criaturas y que el centro de nuestra vida no debe estar en lo material sino en lo espiritual.

El ayuno sirve también como medio para expiar por nuestros pecados y pedir perdón a Dios, como repetidas veces vemos en la Biblia. [12]

El ayuno sirve además para implorar de Dios gracias especiales reforzando nuestra oración. [13]

El ayuno, en definitiva, supone un sacrificio, una renuncia a nuestros gustos, nuestras ideas, nuestros caprichos para poder cumplir la voluntad de Dios. Es una "mortificación", un "hacer morir" todo aquello en nosotros que nos aparta del Señor: egoísmo, soberbia, impureza, ira, crítica, discordia... Como dijo la Virgen en 1981, el primer año de las apariciones:

–El verdadero ayuno consiste en renunciar a todos los pecados. Pero es necesario al renunciar a ellos hacer participar también al cuerpo.

Es en este sentido en el que la Virgen pide que ayunemos. Ella ha dicho que la Iglesia en este último cuarto de siglo ha olvidado el ayuno. Por eso desde el principio habló del ayuno y de su gran importancia. Incluso llegó a afirmar algo sorprendente (que después repitió en otras ocasiones):

–Con el ayuno y la oración se pueden detener las guerras y suspender las leyes de la naturaleza (Año 1982) .

---

[11] El ayuno es una de las principales obras de penitencia recomendadas en la Sagrada Escritura. El mismísimo Jesús, antes de iniciar su predicación, practicó un severo ayuno durante cuarenta días (cf Mt 4, 1-2). Los santos siempre han apreciado el ayuno por su alto valor espiritual.

[12] Por ejemplo el ayuno que hicieron los israelitas para expiar su pecado de idolatría: *Ayunaron aquel día y dijeron allí mismo: "Hemos pecado contra el Señor" (1 Samuel 7, 6)*

[13] Por ejemplo el ayuno que hicieron los ninivitas para impedir la destrucción de su ciudad (cf Jonás 3, 5) o el que hizo el rey David para impedir la muerte de su hijo (cf 2 Samuel 12, 16)

En cuanto a la manera de ayunar la Virgen dijo con claridad:
–*El mejor ayuno es a pan y agua* (31-8-1981)
Y para los enfermos o impedidos por otra causa añadió:
–*Si no tienen fuerzas para ayunar a pan y agua, pueden renunciar a la televisión porque después de haber visto algunos programas están distraídos y no pueden orar. Pueden renunciar al alcohol, al tabaco y a otros placeres. Ustedes mismos saben lo que tienen que hacer* (8-12-1981)

* * *

También se pueden ofrecer los sufrimientos que aparecen en nuestra vida como un sacrificio agradable al Señor. La Virgen nos enseña que si sabemos ofrecer nuestros dolores por amor a Dios, uniéndolos a los de Jesucristo en la cruz e imitando su paciencia, obtendremos muchas gracias. Ella nos invita a saber convertir el sufrimiento, en vez de en amargura, en una ocasión para purificarnos y amar más a Dios:
–*Cuando tengan sufrimientos, ofrézcanlos en sacrificio a Dios* (5-4-1984)
–*Gracias por haber ofrecido al Señor todas sus penas… sepan, queridos hijos, que Él los ama y por esa razón los pone a prueba. Continúen ofreciendo siempre todos sus sacrificios al Señor* (11-10-1984)
–*A través de todas estas dificultades que el Señor les da, ábranse cada día más a Dios y vayan al encuentro con Él con amor* (24-8-1985)
–*Oren para poder aceptar la enfermedad y los sufrimientos con amor, tal y como Jesús los aceptó* (11-9-1986)
–*Hijos míos, el amor lo acepta todo, aún lo que es duro y amargo por amor a Jesús que es Amor* (25-6-1988)
–*Lleven con paciencia todos sus sufrimientos, recordando que Jesús también sufrió pacientemente por ustedes* (2-2-1990)
–*No rechacéis la cruz: con mi ayuda buscad comprenderla y aceptarla* (2-12-2013)
–*El dolor eleva y es la oración más grande* (2-4-2016)
En el amor que Jesús tuvo al morir por nosotros encontraremos fuerza para saber ofrecer nuestro dolor por amor. Un Viernes Santo la vidente Vicka tuvo una experiencia extraordinaria: Nuestra Señora apareció con Jesús adulto, en el momento de la pasión, con la corona de espinas, la sangre que goteaba por su rostro, la cara cubierta de salivazos y fango, hinchado por los golpes recibidos durante la noche por los soldados, con toda la capa roja desgarrada y llena de barro. La Virgen dijo: *Queridos hijos, hoy he venido con mi Hijo Jesús en su pasión para que podáis ver cuánto os ama y lo mucho que ha querido sufrir por vosotros.* Jesús no dijo nada pero Vicka cuenta: "Le miré a los ojos y vi tanta ternura, tanto amor, tanta humildad, mucho más elocuentes que cualquier palabra… nunca olvidaré la mirada de Jesús durante la pasión, sufriendo terriblemente; pero al mismo tiempo nos amaba tanto, nos transmitía su inmenso amor, aunque hubiéramos sido nosotros los que le habíamos crucificado… Hay muchas pinturas que intentan representar a Jesús, especialmente en los momentos de Su agonía. Pero

ninguna de las pinturas logra mostrar toda la intensidad del dolor y del sufrimiento que nuestro Salvador soportó por nosotros ".

Cruz colocada en lo alto del monte Krizevac ("monte de la cruz"). Fue levantada por los creyentes de Medjugorje en el año 1933, durante la conmemoración del jubileo de la redención celebrado en toda la Iglesia. Obtuvieron de Roma la gracia de recibir un auténtico "lignum crucis" (un trocito real de la cruz de Jesús) que fue colocado en el interior, en la intercesión de los brazos. La Virgen ha explicado que todo esto, sucedido 50 años antes de las apariciones, entraba en el plan de Dios. Este es uno de los lugares fuertes de Medjugorje, donde se reciben gracias especiales. Subiendo el monte están las estaciones del Via Crucis. Muchos peregrinos lo suben descalzos. Este monte junto con el Podbrdo y la parroquia forman en el mapa un triángulo (símbolo de la Santísima Trinidad). Son los tres lugares más importantes de Medjugorje.

Para la enfermedad la Virgen dedicó uno de sus mensajes más largos:
–*Cuando están enfermos, cuando sufren por algo, no digan: "¡Ay, ¿por qué me pasa esto a mí y no a otra persona?". Mas bien digan: "Señor, te agradezco por el regalo que me das". Porque los sufrimientos son grandes regalos de Dios. Son fuentes de gracias especialísimas para ustedes y para otros. Cuando están enfermos muchos de ustedes no hacen sino decir: "¡Sáname, sáname...!" No, queridos hijos, eso no es correcto, porque sus corazones no están abiertos, los cierran con ocasión de la enfermedad y así*

no pueden entregarse a la voluntad de Dios ni a las gracias que Él desea otorgarles. Más bien oren así: "Señor, hágase en mí según tu voluntad". Sólo así comunica el Señor sus gracias de acuerdo a las verdaderas necesidades que Él conoce mejor que ustedes. Puede ser una curación, fuerza renovada, nuevo regocijo, nueva paz.... Solamente abran sus corazones (Año 1991)

Vicka ha recibido el encargo especial de rezar por los enfermos. La Virgen le ha pedido con frecuencia que soporte etapas de sufrimiento para ofrecerlas por la salvación de las almas. Vicka suele recordar cuando da testimonio: "No debemos ver la enfermedad como una maldición. De hecho, la Virgen ha dicho que la enfermedad es un gran regalo de Dios".

EJEMPLO
El ayuno de los videntes

El 14 de Agosto de 1984, por medio del vidente Iván, la Virgen pidió que se ayunara a pan y agua todos los miércoles y viernes del año. No para que de los dos días se eligiera uno, sino para hacer los dos. Aquel mensaje pareció muy fuerte a muchas personas: ¿es que la Virgen pretendía matarnos de hambre? Pero luego, con el tiempo, se ha ido viendo lo acertado de sus palabras.

Se ha descubierto que los primeros cristianos practicaban el ayuno de forma mucho más frecuente que hoy día. De hecho el miércoles y el viernes eran los días considerados propios para ayunar. La Virgen nos invita, pues, a recuperar una tradición sagrada de los primeros cristianos.

No es demasiado ayunar dos días a la semana. Hoy, cada vez más, se sabe que muchas enfermedades aparecen por desórdenes alimenticios. Si una persona visita un naturista o un dietista se le suele mandar que no coma, que ayune... y nadie dice nada porque lo ha mandado el médico. No se le discute. Ahora bien: si nos lo pide la Virgen... ¡todo son pegas, quejas y excusas para no hacerlo! ¿Acaso vamos a tener más confianza y fe en los seres humanos que en la mismísima Madre de Dios!

Se ha demostrado que una persona, si toma la suficiente cantidad de pan y de agua en un día, puede tener las calorías suficientes para realizar su jornada laboral. No es, pues, una locura lo que se nos ha dicho en Medjugorje.

Los seis videntes, desde luego, desde 1984 lo llevan a rajatabla. Todos los miércoles y viernes del año (a no ser que coincida con una solemnidad especial como puede ser Navidad) ayunan a pan y agua sin tomar otra cosa. Y ahí los tenemos: sanos y fuertes. Ninguno ha padecido problemas de desnutrición. Muchas personas, movidas por su ejemplo y por su deseo de responder a los pedidos de la Virgen, han empezado a realizar estos ayunos. Su experiencia ha sido buena: el ayuno les ha ayudado a liberarse de la visión materialista de las cosas y a rezar con más profundidad. ¿No lo crees? Pruébalo. Y verás con cuanta razón la Virgen ha hablado de este tema.

Muchas personas dicen tener grandes dificultades para vivir el ayuno. Dicen que no pueden hacerlo, que les faltan fuerzas, que les duele la cabeza de modo excesivo esos días...

En Medjugorje son conscientes de que no es fácil vivir el ayuno. La propia vidente Mirjana ha afirmado: "Este es uno de los pedidos más difíciles de la Virgen". En un mundo que valora tanto lo material y la comida, esta renuncia se hace muy difícil.

De todos modos si la Santísima Virgen María nos lo ha pedido es porque es posible hacerlo. Y si nos lo pide con tanta insistencia es porque este ayuno va a ser un gran bien para nuestra vida y para el mundo entero. ¿No somos conscientes de que si ayunamos por amor poniéndolo en manos de la Virgen podemos conseguir una gracia espiritual: salvar a un matrimonio que iba a romperse, evitar que un niño pierda la inocencia, levantar a un sacerdote que estaba en una profunda crisis, conseguir luz para que un alma que estaba a punto de perderse pueda volver a Dios....

He aquí unos consejos prácticos para poder vivir el ayuno tal y como la Virgen lo pide en Medjugorje:

1.-En primer lugar hay que rezar para pedir al Señor que nos ayude a poder ayunar de esta manera. La propia vidente Mirjana dice que "la capacidad de hacer ayuno es un don de Dios".

2.-Al mismo tiempo, como dice la vidente Vicka, "es necesario una voluntad firme". Hay que proponerse firmemente: voy a ayunar los miércoles y los viernes a pan y agua. Voy a hacerlo. Le doy mi "SI" a la Virgen en esta llamada que nos hace.

3.-Hay que ayunar, dice el vidente Jakov, "con amor". Es decir: debo ayunar por amor a Dios y a la Virgen (porque ellos lo piden), por amor a mi mismo (ya que me hará crecer en santidad) y por amor a los demás (pues el ayuno, ofrecido a la Virgen, sirve para la conversión de los pecadores y miles de gracias espirituales que sólo conoceremos plenamente en el Cielo). El amor me dará fuerzas para ayunar.

4.-Si no te sirve un tipo de pan cambia a otro. Normalmente la gente suele tener problemas para practicar el ayuno porque elige un pan poco nutritivo. Los panes blancos que solemos comprar no suelen ser muy nutritivos. Por eso debe buscarse otro tipo de pan (de leche, de aceite, etc...) que nos aporte más energía. Mucha gente que no conseguía ayunar tan sólo ha tenido que variar de pan para poder hacerlo.

5.-En este sentido en Medjugorje aconsejan ayunar con pan hecho a partir de harina de espelta. La espelta es un cereal rico en nutrientes que además actúa regulando el sistema digestivo, fluidificando la sangre y regulando el pH. Sus propiedades son muy beneficiosas para la salud: es rica en vitaminas del grupo B y vitamina E, rica en fibra, contiene los ocho aminoácidos esenciales que nuestro organismo necesita para producir proteínas, alto contenido en triptófano, un elemento que contribuye a nuestro bienestar mental y emocional (el triptófano es un aminoácido asociado al buen humor, muy interesante en casos de depresión y decaimiento), rica en ácidos grasos esenciales, contiene magnesio y ayuda a alimentar nuestros tejidos mejorando el sistema inmunológico ... Santa Hildegarda de Bingen (nombrada doctora de la Iglesia por Benedicto XVI) ya recomendaba el pan de espelta.

El pan del ayuno nos recuerda a Jesús, único alimento que necesitamos,
que dijo de Sí mismo:
Yo soy el pan vivo que ha bajado del cielo (Jn 6, 51)

COLABORAR EN LA CONVERSIÓN
DE LOS PECADORES

El que convierte a un pecador de su extravío se salvará de la muerte
y obtendrá el perdón de muchos pecados
(Santiago 5, 20)

Hemos tenido ocasión de comprobar como la Santísima Virgen María, en Medjugorje, busca ante todo la salvación de nuestras almas. En este sentido Ella misma nos ha pedido ayuda para que colaboremos en esta importantísima tarea que Dios le ha encomendado:

–*Trabajen para que muchas más almas conozcan a Jesús y su Amor* (25-2-2002)
–*Sed mis manos extendidas para que cada criatura pueda acercarse al amor de Dios* (25-6-2009)

Sabemos que Dios nos ha creado libres y que con nuestros actos podemos intervenir tanto para bien como para mal en la vida de los demás. Esta intervención también se da a nivel espiritual. La Santísima Virgen nos ha señalado dos importantes maneras de contribuir a la conversión y a la salvación de las almas: la oración y el sacrificio.

Todo esto, dando por supuesto, que lo primero de todo es convertirnos nosotros mismos a una vida de fe auténtica y plena. Una persona que vive intensamente la vida cristiana –aparte de dar buen ejemplo– colabora, misteriosamente, a que el resto de personas se conviertan.

* * *

Con nuestra oración humilde, confiada y perseverante podemos atraer las gracias de conversión y de salvación a los demás. La Virgen ha animado continuamente a este tipo de oración:

–*Estoy contenta y les agradezco sus oraciones. En los próximos días oren aún más por la conversión de los pecadores* (2-8-1984)
–*Yo necesito de sus oraciones* (30-8-1984)
–*Aún necesito sus oraciones. Ustedes se preguntan: ¿por qué tantas oraciones? Miren en torno suyo, queridos hijos, y verán cuán grande es el pecado que domina el mundo. Por tanto, oren para que triunfe Jesús* (13-9-1984)
–*Con sus oraciones me han ayudado a realizar mis planes* (27-9-1984)
–*Os llamo a todos vosotros para que oréis por mis intenciones a fin de que por medio de vuestras oraciones se detenga el plan de satanás sobre esta Tierra –que cada día está más lejos de Dios–, que en lugar de Dios se pone a sí mismo y destruye todo lo que es hermoso y bueno en el alma de cada uno de vosotros* (25-10-2008)

–Que todas las oraciones que hagan por la noche en sus casas sean por la conversión de los pecadores, porque el mundo está en pecado grave (8-10-1984)
–Ofrezcan todas sus oraciones por la apertura de los corazones que están en pecado. Yo lo deseo así. Dios lo desea a través mío (18-4-1985)
–El mundo tiene necesidad de muchas oraciones, pero de oraciones con el corazón y con el alma, y no solo de aquéllas que se pronuncian con los labios (2-10-2018)
–Muchos de mis hijos aún no reconocen a mi Hijo como su Dios, aún no han conocido Su amor. Pero ustedes, con su oración pronunciada desde un corazón puro y abierto, con los dones que ofrecen a mi Hijo, harán que se abran, incluso los corazones más endurecidos (2-9-2019)

* * *

El sacrificio ofrecido a Dios con amor tiene una gran potencia para obtener la conversión de los pecadores. Este sacrificio, como vimos antes, puede ser el ayuno, los sufrimientos de nuestra vida, la enfermedad… Debemos aprovechar estas cosas y ofrecérselas a Dios. Él nos hará descubrir el gozo y la paz que incluso en estas circunstancias podemos hallar.

Sabemos que a algunos videntes (especialmente a Vicka) la Virgen les pidió que ofrecieran algunos de sus sufrimientos (físicos y morales) con la intención de la conversión de los pecadores. Ellos, por otra parte, han sabido encontrar la manera de ofrecerle todos los días pequeños sacrificios al Señor con esta intención. Por ejemplo: les apetece tomar un poco de chocolate, pues no lo hacen, esperan al día siguiente; van a mirar algo que les agrada, pues no lo miran…. Según Marija estas pequeñas renuncias son muy poderosas y para la Virgen muy importantes. Ella lo contaba así: "La Virgen dijo una vez: *Ustedes no pueden hablar del ayuno si no ayunan.* Por tanto, si cada uno de nosotros comienza a ayunar y hacer renuncias, entonces comprende su valor. La Virgen también nos ha invitado a hacer novenas de florecillas, renunciando a alguna cosa muy concreta, aunque no nos parezca muy importante, como por ejemplo los dulces, la televisión (el móvil) y aquellas cosas a las que estamos más apegados… aprecia mucho estos sacrificios y las cosas pequeñas, justamente las más pequeñas, son para Ella muy importantes".

En 1985 la Virgen pidió a la gente joven de Medjugorje que ofreciera pequeños sacrificios y renuncias. Unas semanas después les agradeció los sacrificios y les dijo que gracias a ellos había fracasado un plan que tenía preparado Satanás. ¡Cuán importantes son nuestros sacrificios ofrecidos a Dios!

Pero deben ser ofrecidos por amor. Sí no, no sirven. La Virgen se quejó una vez diciendo:

–Las oraciones y sacrificios que decidieron ofrecer en estos días cuando Yo se los pedí no fueron hechos con amor (Año 1989)

EJEMPLO
El sacrificio de no fumar

Un padre de familia chino se había sacrificado muchísimo para que su hijo pudiera estudiar en una buena universidad de Londres. Lo consiguió y los dos primeros años de universidad las cosas fueron muy bien para su hijo. Pero al tercero todo se torció: el joven descubrió la droga y se dejó seducir por ella. Escribió a sus padres una carta contándoles la situación y diciéndoles que había dejado los estudios. ¡Qué angustia para ellos! El padre estaba desconsolado y no paraba de llorar. Afortunadamente él y su esposa habían conocido Medjugorje y habían sido renovados en su vida de fe gracias a los mensajes de Nuestra Señora. Superando el ansia decidieron abandonarse plenamente al Corazón de María para que liberara a su hijo. En la oración el padre decidió ofrecer un sacrificio difícil para él: dejar de fumar (consumía dos paquetes al día).

Fue duro al principio, pero el amor a su hijo y la confianza en la Virgen le dieron fuerzas para resistir. Poco tiempo después recibió una carta: "Papá, regresé a la Universidad. Es un milagro. Un día sentí que la droga me disgustaba, reflexioné y una fuerza interior me estimulaba a continuar los estudios. Ahora todo va bien, podéis estar contentos..." La fecha de la carta demostraba que la decisión había sido tomada poco después del "ayuno" de los cigarrillos del padre. Él, contando la historia, lloraba a lágrima viva de felicidad.

Iglesia de Medjugorje, con sus dos torres características.
Aquí vienen al año miles y miles de personas
sedientas de Dios

LA CONFESIÓN

A quienes perdonéis los pecados
les quedan perdonados
(Juan 20, 23)

En Agosto de 1981 la Virgen se apareció a los videntes en un bosque cercano a la Iglesia. Era la época en la que la policía prohibió subir al Podbrdo. Las apariciones tenían lugar allí donde estuvieran los chicos.

Aquella tarde se habían reunido con ellos más de cuarenta personas. Algunos, antes de la aparición, dijeron a los videntes que ya que no podían verla preguntaran a la Virgen si les permitiría al menos tocarla. Ante el asombro de todos, cuando llegó el momento de la aparición, los chicos dijeron que sí, que la Virgen les iba a permitir tocar su manto. Uno tras uno todos fueron pasando y colocando sus manos en el lugar que indicaban los videntes (a los que la Virgen, en esta extraordinaria ocasión, les permitió tener un contacto con lo que les rodeaba). ¡Realmente sintieron la presencia de María! Algunos notaron como una seda, otros como una corriente de calor….

Cuando terminaron se dieron cuenta de que la vidente Marija estaba llorando. Marinko Ivankovic, un amigo, le preguntó qué pasaba. Marija, impactada por lo que veía, lo explicó: ¡el vestido de la Virgen estaba lleno de manchas! Algunas personas, al tocarlo, lo habían ensuciado horriblemente. Se le preguntó el motivo a la Virgen a lo que contestó:

–Esos que viven en pecado me han ensuciado. Diles que se confiesen y que se enmienden de sus pecados.

Marinko, al oír esto, dijo en voz alta: "Todo el mundo a confesarse por la mañana". Y realmente así fue. Muchos llevaban bastantes años sin hacerlo. Desde entonces no han estado vacíos los confesonarios de Medjugorje. Es una de las cosas que más llama la atención de este lugar: la cantidad de personas que se confiesan. A todas horas, en todo momento, suele haber largas filas que esperan su turno para confesarse (sobre todo antes de la Misa de la tarde). Las confesiones no tienen lugar en la Iglesia (no habría sitio) sino en los laterales de la misma (sobre todo el izquierdo). Allí se sientan los sacerdotes con un cartelito indicando el idioma (croata, inglés, francés, italiano, español, ruso…) y enseguida se forma una fila a su alrededor.

La Virgen quiere indicarnos que para Ella es más importante la Confesión que el mismo hecho de tocarla e incluso verla. Ella ha deseado que Medjugorje sea un lugar

85

donde los peregrinos renueven y aprendan a valorar nuevamente este sacramento. Ella ha pedido que el primer paso para la conversión y para acercarse a Dios y vivir sus mensajes sea la Confesión:

–Que la Santa Confesión sea el primer acto de conversión para ustedes y después, queridos hijos, decídanse por la santidad. Que su conversión y su decisión por la santidad comience hoy y no mañana (25-11-1988)

Desgraciadamente muchos cristianos han perdido totalmente el sentido de la Confesión. Ya no ven necesario este sacramento. Incluso lo ponen en duda. Otros se confiesan rara vez (una vez al año si acaso) y lo hacen sin vivirlo realmente, sin auténtica contrición: casi por rutina y costumbre, sin detestar realmente sus pecados.

La Virgen en cambio ha dado mucha importancia a la Confesión en sus mensajes. Ella desea que tenga un puesto importante en nuestra vida cristiana. Desea que nos confesemos con auténtico arrepentimiento, con auténtica intención de cambiar y renovarnos. Ella desea que confesemos todo nuestro mal, todo nuestro pecado, sin callar nada por vergüenza, con sencillez y humildad:

–Les ruego entreguen al Señor todo su pasado, todo el mal que se ha acumulado en sus corazones. Yo deseo que cada uno de ustedes sea feliz, pero con el pecado nadie puede serlo (25-2-1987)

–Liberaos de todo aquello que os pesa de vuestro pasado y que os produce un sentimiento de culpa; de cuanto os ha llevado al error, a las tinieblas. Aceptad la luz (2-6-2010)

–Mediante la confesión de vuestros pecados renunciaréis a todo lo que os ha distanciado de mi Hijo y que ha hecho que vuestras vidas sean vacías e infructuosas (2-5-2011)

–No vayan a confesarse por costumbre para después seguir igual que antes. No. Eso no es bueno. La Confesión debe darles un impulso a su fe. Debe estimularlos y acercarlos a Jesús (7-11-1983)

–Arrepentíos sinceramente de vuestros pecados (2-5-2010)

–Rechazad vuestra arrogancia y arrodillaos ante mi Hijo (2-7-2007)

"Una confesión sincera –explica Mirjana– te purifica de las transgresiones pasadas, te quita de los hombros el peso del pecado y permite que Dios te llene con su paz".

* * *

La Virgen ha hecho una petición que muchos no acaban de comprender:

–Se debe invitar a la gente a ir a confesar cada mes, especialmente el primer sábado… la confesión mensual será el remedio para la Iglesia de Occidente (6-8-1982)

Para un cristiano que ya no valora el sacramento de la Confesión esta petición es excesiva: ¡confesarse cada mes! ¿Es que somos tan pecadores? Pero si nos paramos a pensarlo y reflexionamos bien nos daremos cuenta que con esta práctica nuestra buenísima Madre nos está ofreciendo uno de los mejores remedios y ayudas para nuestra vida espiritual. Pues el pecado, el mal, tiende a echar raíces en nuestro corazón.

Y aunque no sean pecados muy graves poco a poco el pecado nos hace perder el sentido de las cosas de Dios. Ella ha advertido repetidamente:
–*Satanás es fuerte y con todas sus fuerzas quiere acercar a las más personas posibles a sí y al pecado* (25-5-1995)
Confesándonos cada mes evitamos que el pecado se fortalezca en nosotros. Porque la Confesión no solo lo perdona: también nos da fuerzas para sofocar el poder del mal y tener más energía para combatirlo. La Confesión frecuente no es porque seamos grandes pecadores: es precisamente para no llegar a serlo. Igual que una persona limpia es la que se lava con frecuencia (aunque no esté tan sucia que llegue a necesitarlo) también la confesión frecuente, aunque no estemos llenos de pecado, nos mantiene en el camino de la santidad y nos va uniendo más a Dios.

En el año 2008 un periodista español preguntó a Mirjana sobre lo que dice la Virgen acerca de la Confesión. La respuesta de la vidente fue:
–Que no existe hombre sobre la tierra que no tenga necesidad de la confesión mensual.
Ése es uno de sus mensajes más importantes.

Vicka, por su parte, preguntada sobre lo que dice la Virgen sobre la necesidad de la Confesión, respondió :
–Al menos una vez al mes. O cuando uno lo necesita, entonces debe confesarse inmediatamente.

Slavica Vasilj, que perteneció siendo joven a un grupo de oración de Medjugorje, y que hoy es ya esposa y madre de familia, contaba su experiencia en torno a la Confesión de esta manera: "La Virgen nos dijo insistentemente que no dejáramos que el pecado se arraigara en nosotros. De ahí que cuando pecamos, no debemos esperar. Tenemos que ir inmediatamente a confesarnos". Según ella la confesión mensual fue y es un elemento muy importante para su crecimiento espiritual.

EJEMPLO
No podía ver nada

El testimonio de Franjo es precioso para ilustrar el valor de la Confesión. Franjo lleva viviendo en Medjugorje toda su vida. De niño pasó hambre (él y su familia) y eso le hizo ser una persona muy realista, poco dada a creer cosas antes de averiguarlas por sí mismo. Cuando empezaron las apariciones el 24 de Junio de 1981 él era un adolescente. Aquellos primeros días fueron especiales. La gente veía señales en el cielo con frecuencia. Justo un mes después de iniciarse todo, el 24 de Julio de 1981, Medjugorje entero había cambiado muchísimo. La gente iba con más frecuencia a la Iglesia y se respiraba un ambiente de piedad.

Una día Franjo está incómodo. Los miembros de su familia y sus vecinos se han agrupado en el camino que lleva a la Iglesia mirando fijamente al cielo. Sus rostros de asombro y alegría muestran que están viendo algo sorprendente, maravilloso. Todos lo ven… menos Franjo. Por más que mira y mira en la misma dirección no observa nada.

Esa noche, en los hogares, la gente cuenta todos los detalles del fenómeno que han visto: el sol había danzado (como ocurriera en Fátima) lanzando rayos de diferentes colores, de tonos tan hermosos que no se podrían describir. De vez en cuando una especie de silueta femenina se dejaba ver junto a él. Franjo escucha los relatos de un sitio, de otro, de una casa, de otra que está lejos de la primera… y se da cuenta que parece ser el único que no ha visto nada. ¡Qué frustración! ¿Por qué? ¿La Virgen está enfadada con él? Al día siguiente sucede lo mismo en un recodo del camino: las mismas maravillas en el cielo. Todos lo vieron. Menos Franjo.

Él mira entonces en su interior, revisa mentalmente su vida y descubre ciertos pecados que nunca había confesado. Un combate interior se inicia entonces. ¿Tendrá valor de ir a confesar esos pecados a un sacerdote? Finalmente la gracia gana la partida. Franjo va a confesarse y lo cuenta todo, liberando su conciencia y su corazón.

La misma noche, por tercera vez, muy cerca de la Iglesia, el grupito de vecinos se detiene de golpe sobre el camino: ¡el sol danza nuevamente! Y esta vez una cruz gloriosa aparece también junto a él. Franjo levanta tímidamente los ojos y…. ¡sí! ¡la ve! ¡La visión aparece claramente ante su mirada! Puede participar de las exclamaciones de todos los presentes y su corazón se llena de gozo. Más tarde le preguntaban:

–Pero, ¿cómo explicas esto?

–¡La Confesión! ¡Es la Confesión! –respondía él–; mis pecados me impedían ver. Después de la Confesión, cayó el velo que recubría mis ojos.

Gente confesándose en el lateral de la Iglesia de Medjugorje.
Esta escena se repite todos los días sin cesar

LA SANTA MISA

Tomad y comed, esto es mi cuerpo
(Mateo 26, 26)

La Virgen siempre nos lleva hacia su Hijo Jesús. Es una ley matemática. Y su Hijo Jesús está de modo especial en la Eucaristía, la Santa Misa. Por eso la Virgen siempre nos lleva a la Misa. La vidente Mirjana no duda en decir: "La Virgen María está aquí para llevarnos a la Eucaristía".

"Una vez –sigue diciendo Mirjana– ella dijo algo que me afectó profundamente: *Yo fui el primer Tabernáculo. El Santísimo Cuerpo creció primero dentro de mí.*" Por aquí se ve la unión tan profunda y misteriosa que existe entre la Santa Misa y la Virgen María, pues ese cuerpo sagrado de Cristo que se hace realmente presente en cada Eucaristía fue formado por el Espíritu Santo en el seno de la Virgen.

La Virgen ha sido muy clara: la Santa Misa debe ocupar el centro en la vida de un cristiano.

–Que la Misa sea el más eminente y poderoso acto de vuestra oración, el centro de vuestra vida espiritual (2-8-2008)

–Os pido que la Eucaristía sea la vida de vuestra alma (2-8-2014)

Ella sabe que es el sacramento más importante de todos y nos llama a vivirlo lo mejor posible. Marija afirma a este respecto: "La Virgen nos dijo que el momento más importante de nuestra vida es la Santa Misa y nos dijo que viviéramos la Misa no como un encuentro con el sacerdote, sino con Dios, con Jesucristo vivo".

Pero los cristianos hemos olvidado el valor de la Misa. Hemos creído que podemos vivir nuestra vida espiritual, nuestra unión con Dios, sin ella. Nos hemos vuelto cómodos y perezosos. La mayoría de los bautizados no van ni siquiera a la Misa del domingo. Cualquier excusa, cualquier plan alternativo es mejor. Se abandona a Dios por cualquier cosa. Se nos olvida que en cada Misa está la presencia Real y Sustancial de Jesucristo, derramando sus gracias sobre nosotros. La Virgen, según testimonian los videntes, apareció un día llorando y al preguntarle por qué lo hacía respondió: *Porque muchos no saben el valor que tiene la Eucaristía.*

Mirjana cuenta que a veces algunos peregrinos en Medjugorje, durante la Santa Misa, incluso en el momento de la consagración, están distraídos mirando al cielo por si presencian algún signo sobrenatural en el sol (cosa que ocurre con cierta frecuencia en Medjugorje). En lugar de vivir la Santa Misa están pendientes de signos extraordinarios. Y no hay nada más extraordinario que la Presencia real de Jesús, vivo y verdadero, en cada Santa Misa. "Lamento profundamente –comenta la vidente– que esas personas no puedan reconocer lo que es realmente importante".

* * *

La Virgen, desde el principio de las apariciones, nos ha querido llevar a una vivencia renovada de la Eucaristía. La aparición tiene lugar veinte minutos antes de la Santa Misa de la parroquia, como si fuera una preparación para el encuentro con Jesús. Ella misma dijo que era mejor para los fieles estar en la Iglesia preparándose para la Santa Misa que estar con los videntes en el momento de la aparición.

Por eso la Virgen no se ha cansado de repetir a la gente de la parroquia de Medjugorje (y en ellos a todos nosotros) que la Misa es imprescindible en la vida de un creyente y que no debemos poner excusas para no ir:

–Tengan la gentileza de venir a Misa sin buscar ninguna excusa. Muéstrenme que tienen un corazón generoso (2-12-1983)

Ella agradeció a los parroquianos que fueran a la Misa en los días más duros del invierno incluso diariamente:

–Agradezco a los fieles haber venido a la Iglesia con un clima tan malo y frío (9-1-1985)

Ella quiere que todos vivamos este sacramento lo mejor posible, incluso los niños pequeños:

–Los invito muy especialmente a participar en la Santa Misa (11-1-1982)

–La Misa es la mejor oración a Dios. Nunca llegarán a comprender su grandeza. Por eso deben adoptar una actitud correcta y humilde en la Misa y deben prepararse para ella (Año 1983)

–Deseo que ustedes experimenten a Dios en su interior durante la Misa (16-5-1985)

–Alienten también a los más pequeños para que hagan su oración y que vengan también a la Santa Misa (7-3-1985)

La Santa Misa debe ser lo principal en la vida del creyente. La misma Virgen dijo a los videntes que si tenían que escoger entre ir a Misa o encontrarse con Ella en la aparición debían preferir la Eucaristía porque en ella está presente Jesús. Les ha dicho que comulgar vale más que ser vidente. No es, pues, de extrañar que cuando un periodista preguntó a la vidente Marija si el ver a la Santísima Virgen María cada tarde era lo más importante de su día ella contestó:

–Lo más importante de mi día es el recibir a Jesús en la Eucaristía durante la Misa.

* * *

La Virgen quiere que vivamos nuestras Misas. He aquí algunos consejos prácticos que nos ofrece para ello:

–Que la Santa Misa, hijitos, no sea un hábito para ustedes, sino la vida (25-1-1998)

–Cuando vayan a Misa, el viaje de su casa a la Iglesia debe ser un tiempo de preparación para la Misa (Año 1984)

–Antes de Misa es necesario orar al Espíritu Santo (Año 1983)

–Vivan conscientemente la Santa Misa y que cada venida los llene de alegría. Vengan con amor y acojan la Santa Misa con amor (3-4-1986)

–Escuchen atentamente la Santa Misa. Sean bien educados. No charlen durante la Santa Misa (19-2-1982)
–Deben recibir también la Sagrada Comunión con un corazón abierto y puro, con pureza de corazón y con apertura. No abandonen la Iglesia sin una acción de gracias apropiada (Año 1984)

Un día una religiosa preguntó a la vidente Vicka si la Virgen había dado algún mensaje particular sobre la Santa Comunión. Vicka le dijo que sí y trasmitió el siguiente mensaje:

–Queridos hijos, cuando recibís a Jesús en vuestro corazón a través de la Santa Comunión y volvéis a vuestro sitio, ¡no miréis a los demás, no juzguéis al sacerdote! ¡Queridos hijos, poneos de rodillas al menos diez minutos y entonces hablad con mi Hijo que está en vuestro corazón!

–¿Diez minutos? –dijo la religiosa suponiendo que a muchas personas les parecería excesivo ese tiempo– *¿estás segura de que la Virgen ha precisado diez minutos?*

–No –contestó Vicka–. ¡No ha dicho diez minutos! ¡Ha dicho por lo menos diez minutos, como mínimo diez minutos! También nos ha dicho:

-Ese momento es el más sagrado de vuestra vida, queridos hijos, cuando mi Hijo Jesús viene vivo a vuestro corazón. ¡Acogedlo! ¡Dejadlo entrar! ¡Tomad tiempo para Jesús!

¡Qué terrible es que la mayoría de los cristianos comulgan de cualquier manera, sin pararse siquiera un par de minutos a hablar y adorar al Señor que acaban de recibir!

"Cuando recibo la comunión –dice Mirjana–, siento que mi Dios y yo somos uno. Siento como si me hubiese convertido en su custodio, que Él vive en mí. Cuando luego me arrodillo y rezo, le pido que siga conmigo todo el tiempo que sea posible, para que pueda seguir sintiendo el amor y la plenitud que solo Él puede dar".

La Virgen ha invitado a los fieles a participar en la adoración al Santísimo, como una prolongación de la Santa Misa. En muchas parroquias se expone el Santísimo (generalmente los jueves, como recuerdo de la institución de este sacramento en la última cena). La Virgen nos anima a participar en esta adoración:

–Adoren sin cesar al Santísimo Sacramento del altar. Yo estoy siempre presente cuando los fieles están en adoración. En esos momentos se obtienen gracias particulares (15-3-1984)

–Es muy bello permanecer los jueves para la adoración de mi Hijo en el Santísimo Sacramento del altar (28-5-1983)

–¡Grande es el amor de mi Hijo! Si conocieran la grandeza de su amor, no dejarían de adorarlo y agradecerle. Él esta siempre vivo con ustedes en la Eucaristía, porque la Eucaristía es su Corazón (2-8-2019)

EJEMPLO
Era incapaz de arrodillarse

El Padre Albert Shamon es un sacerdote estadounidense (de New York) muy enamorado de la Virgen. Sus profundos conocimientos de teología y su amor

91

incondicional a la Iglesia son de todos conocidos. Cuando se enteró de las apariciones de la Virgen en Medjugorje quiso saber a qué atenerse con respecto a ellas de la mejor manera posible: ir personalmente a ver. Eran los primeros años del suceso.

Con algo de temor decidió llevar sobre sí al Santísimo Sacramento, como cuando se va a repartir la comunión a los enfermos. Estaba seguro de que si aquello era obra del demonio la presencia de Nuestro Señor Jesucristo provocaría un gran alboroto. Cuando llegó a la puerta que conducía a la habitación donde tenían lugar las apariciones un gran gentío estaba ya allí. Un franciscano, al reconocer al sacerdote, le invito para que pasara a la habitación. ¡Qué suerte! Iba a poder presenciar la aparición en directo, desde dentro. Y así fue: al rato llegaron Marija y Jakov. La habitación estaba llena de gente, a los que se les había permitido entrar (con un control riguroso porque si no aquello era un caos). El Padre Shamon se encontraba justo al lado de Marija.

Se empezó a rezar el Rosario. Al poco empezó la aparición. Todos se arrodillaron. Todos menos el Padre Albert que, a pesar de sus esfuerzos, notaba que sus rodillas se negaban a doblarse, como si estuvieran bloqueadas. Desconcertado, se agachó profundamente para no llamar demasiado la atención. Esa misma tarde celebró la Misa y sus rodillas funcionaron perfectamente.

Al día siguiente fue nuevamente invitado al cuarto de las apariciones para presenciarlas. Nuevamente llevaba consigo, oculto, al Santísimo Sacramento.... ¡y nuevamente le fue imposible ponerse de rodillas en el momento de la aparición! A pesar de todos sus esfuerzos no lo conseguía. Tuvo que volver a inclinarse profundamente.

Al día siguiente fue autorizado por tercera vez (¡caso excepcional!) a estar en la habitación de las apariciones. Llevaba también consigo al Señor. ¡Tampoco pudo arrodillarse! Preguntó entonces con todo su corazón a la Virgen por qué sus rodillas se bloqueaban en el supuesto momento de la aparición. Entonces le pareció oír una voz interior que le contestaba:

–Yo no quiero que mi Hijo se arrodille ante mí.

El sacerdote partió de Medjugorje totalmente convencido de la realidad de las apariciones. Las propagó por Estados Unidos con pequeños libros muy amenos que hablaban de lo que la Virgen nos pedía desde aquel lugar.

Adoración al Santísimo Sacramento en Medjugorje.
Momento de la bendición.

LA IGLESIA

La Iglesia del Dios vivo (es) columna y fundamento de la verdad
(1 Timoteo 3, 15)

En muchos creyentes está la idea equivocada de que es posible estar a favor de Dios y en contra de la Iglesia. "Dios sí, Iglesia no" dicen ingenuamente. Y por lo mismo viven la fe al margen de la Iglesia, al margen de sus enseñanzas y sus normas. Es un grave error. Jesús dejó fundada una Iglesia para continuar su misión divina. No quiere que cada uno de nosotros vaya por libre, por separado, según le parezca.

Los que no quieren a la Iglesia, en el fondo, lo que no quieren es compromiso. Quieren una fe a su manera, una moral según sus propios gustos en la que puedan hacer y creer lo que quieran sin que nadie les diga nada.

La Virgen, en Medjugorje, ha enseñado desde el principio que hay que estar unidos a la Iglesia y a sus enseñanzas (también las de moral). Ha dicho que rebelarse contra la Iglesia es ponerse del lado de Satanás:

–Hagan lo que la Iglesia les pide que hagan (Año 1982)

–Satanás desea destruir sus almas. El desea apartarlos tan lejos como sea posible de la vida cristiana así como de los mandamientos a los que la Iglesia los llama, de tal manera que ustedes los abandonen (25-9-1992)

En este sentido es fundamental la figura del Papa. Él es el vicario de Jesucristo, el centro de unidad de la Iglesia. Estar en comunión con sus enseñanzas en materia de fe y de moral es estar en comunión con la Iglesia y con Dios. Cuando le presentaron una foto de Juan Pablo II a la Virgen Ella la besó y la acarició mientras decía:

–Él es el padre de todos ustedes, el padre espiritual de todos. Es necesario que recen por él (8-11-1981)

Debemos descubrir nuevamente la alegría, la belleza y el gozo de pertenecer a la Iglesia y ser miembros de este cuerpo místico de Jesucristo al que han pertenecido tantos y tantos santos y santas que ya están en el Cielo.

* * *

La Virgen ha querido prevenir de un peligroso error muy común en nuestros días: el de abandonar la fe si los sacerdotes dan mal ejemplo. Ella explicó a Mirjana que la fe en países como Alemania, Suiza y Austria era muy débil a causa de esto. La gente en estos países se guía excesivamente por sus sacerdotes: si no son buen ejemplo la gente se aparta y ya no cree. No debe ser así. El sacerdote, sea mejor o peor, es trasmisor de la gracia de Dios (sobre todo en la Confesión y en la Santa Misa, donde actúa en persona de Cristo). Hay que rezar por ellos porque pueden tener debilidades. Pero no hacer depender nuestra fe de su vida personal, o de si me cae mejor o peor, más simpático o menos simpático...

El 18 de Marzo de 1990 la Virgen explicó nuevamente a Mirjana esta cuestión. Le dijo que muchos peregrinos viven la Santa Misa con intensidad en Medjugorje pero que después, al regresar a sus países y a sus propias parroquias, dejan de ir porque el cura no les parece por una cosa u otra. La Virgen avisó de que esto es un gran error: el sacerdote en los sacramentos siempre representa a Jesús. Uno va a Misa a encontrarse con Dios, no con el sacerdote. Lo importante es vivir la Santa Misa, te guste más o menos el cura. Ella invita a rezar por los sacerdotes en vez de criticarlos, especialmente por los que tienen grandes responsabilidades y mucha carga:

–*Oren mucho por el Obispo y por aquellos que ocupan cargos en la Iglesia* (28-5-1983)

Los videntes dicen que la Virgen ama mucho y respeta a los sacerdotes. Ellos han aprendido a hacerlo también. Era una imagen muy bonita ver a los videntes, cuando eran jóvenes, después de la aparición, ayudar a los sacerdotes a revestirse para la Misa. Lo hacían con mucho respeto.

La Virgen ha dicho a todos los fieles:

–*Vuestros pastores deben estar en vuestros corazones y en vuestras oraciones* (2-7-2008)

En Medjugorje se vive con intensidad este mensaje. Hay un gran respeto hacia la figura de los sacerdotes por su función espiritual. En el mundo actual continuamente se critica y se juzga a los sacerdotes. Muchas parroquias e iglesias andan divididas porque los fieles critican y juzgan continuamente a sus pastores (sacerdotes, Obispo...). Esto hace daño a la fe, a la Iglesia, a la unidad de la caridad.... La Virgen nos enseña otro camino. La vidente Mirjana dice: "Si tu sacerdote no obra como tú piensas que debería hacerlo, no hables de eso con otros, solamente haces daño a los que te escuchan y a ti mismo. Pon el Rosario en tus manos y reza por él, ayuna por él y así le ayudarás".

El 9 de Febrero del año 2013 la vidente Mirjana participaba en un encuentro de oración en Italia, en Trieste, en la Iglesia de Santa María Maggiore. Estaba presente el arzobispo de Trieste, Don Giampaolo Crepaldi. La vidente dijo con vehemencia a todos los presentes: "Como hermana os lo ruego, porque sé todo lo que la Santa Virgen nos prepara: ¡amad! ¡amad a vuestros sacerdotes! Ayudadlos, rezad por ellos, sobre todo por nuestro Santo Padre. Porque, sobre todo él, en estos tiempos que vivimos, tiene mucha necesidad de nuestra ayuda, de nuestras oraciones, de nuestro amor y no de nuestros juicios. Porque si mañana te encuentras ante Dios y te pregunta: –¿Cómo te has atrevido a juzgar?, ¿quién eres tú? –, ¿qué le contestarás?"

Finalmente la Virgen ha insistido muchísimas veces en la importancia de recibir la bendición de un sacerdote. Incluso ha dicho que la bendición de un sacerdote es más importante que la suya, lo cual es teológicamente perfecto pues un sacerdote al bendecir actúa en nombre de Cristo que, como Dios, es superior a la Virgen. Ella dice:

–*Cuando el sacerdote bendice es mi Hijo quien os bendice* (2-6-2006)

EJEMPLO
Volviendo a la Iglesia Católica

Gurti Blomberg era una señora de religión protestante. Ella, su marido y sus hijas vivían en Noruega pero por diversos motivos (él era investigador en la Universidad) tuvieron que trasladarse a vivir a la ciudad universitaria de Notre-Dame (Estados Unidos). Era una universidad católica.

Cuando llegaron a Gurti le chocó ver tantas imágenes y estatuas de la Virgen y los santos repartidas por el campus universitario. ¡Le parecía una idolatría! ¡Hasta un sacrilegio! (los protestantes no tienen imágenes).

Un mes después de instalarse, el 6 de Octubre de 1991, se encontraba en la librería y le llamó la atención un libro en cuya tapa podía verse a la Virgen de Medjugorje. Sintiendo un impulso lo cogió y comenzó a leerlo. No podía desprenderse de él. Lo compró y lo leyó de un tirón, de la primera a la última palabra, sin ninguna interrupción. Leyó durante toda la noche. Al día siguiente fue a la Basílica del Sagrado Corazón. Al asomarse a la puerta escuchó al sacerdote que hablaba del Rosario. ¡De repente tuvo la íntima convicción de que todo lo que había leído era real! Fue corriendo hacia la residencia de los sacerdotes y tocó la puerta. El padre superior le abrió. Ella intentó explicarle todo lo que desbordaba su corazón. Cuando finalmente el sacerdote comprendió algo de lo que le decía le preguntó:

–Pero, dígame, ¿qué es lo que quiere usted? ¿Quiere hacerse católica?

–¡Sí! –respondió con prontitud.

Gurti ingresó en la Iglesia Católica en la Pascua de 1992. Su celo en servir a la Virgen y en difundir los mensajes de Medjugorje es extraordinario. Ella ha escrito a la prensa católica de Noruega mandándoles su testimonio y reprochándoles por no haber escrito ni una sola palabra de Medjugorje.

Tras un tiempo volvió a su país. Dice que su gran ilusión es convertir el país al catolicismo. Se ha convertido en una asidua a la parroquia y una amante del Rosario. La Iglesia se le ha vuelto un hogar amable, dulce y hermoso. El mejor de los pueblos al que uno puede pertenecer: el pueblo de Dios en la tierra.

FAMILIA

Ya no son dos, sino uno solo. Lo que Dios unió, que no lo separe el hombre
(Marcos 10, 8-9)

En el año 2019 participé en un encuentro con el vidente Ivan en el Podbrdo junto a un buen grupo de peregrinos. Me impactó escucharle decir que la familia está en coma espiritual. Fijémonos: no es que la familia esté enferma... es que está en coma. Coma espiritual. Apenas hay fuerza espiritual en las familias del mundo.

Y verdaderamente, si miramos la sociedad, podemos comprobar que es cierto: nunca como antes habían existido tantos divorcios, tantas rupturas, tantas faltas de amor, tantas separaciones, tantas familias desgarradas por el odio, la división, la droga, los adulterios, los malos tratos... Hay una verdadera plaga de familias rotas en nuestras sociedades que, como consecuencia, producen individuos rotos psicológicamente, con desequilibrios emocionales que luego trasmiten a su alrededor. Por eso la Virgen ha insistido en el valor de la familia.

A veces no existen estas cosas tan graves. Pero aún así la familia está dividida y sin paz: porque no hay cariño entre sus miembros, no hay amor profundo entre los esposos, no hay responsabilidad hacia los hijos, no hay respeto y obediencia de los hijos a los padres... Cada uno vive a lo suyo, absorbidos por las cosas materiales y las preocupaciones terrenas.

"La Virgen –enseña la vidente Ivanka– dice que satanás es extremadamente fuerte y que desea arruinar nuestras familias. Podemos defender a nuestras familias solamente a través de la oración. Porque la familia es la base de todo: los buenos sacerdotes, los valiosos médicos y los políticos de calidad. Por eso, si la familia está sana, todo el mundo estará sano".

Ella hace una llamada a la unidad familiar, al amor entre todos sus miembros: amor entre los esposos, amor a los hijos, a los padres.... Un gran ejemplo de todo esto lo vemos en los videntes: los seis se han casado y procuran llevar una buena vida matrimonial. Se nota el amor a sus esposos, a sus esposas, el cuidado de sus hijos...

Para que la familia vuelva a estar unida la Virgen tiene una única solución: poner a Dios en el centro. Es por el olvido que hoy día la gente tiene de Dios por el que vienen las rupturas y los divorcios. El amor humano es frágil y el tiempo lo puede enfriar. Cuando no se tiene a Dios en el horizonte enseguida se piensa en separaciones, divorcios.... Solo si Dios vive en medio del matrimonio puede renovarse el amor continuamente, contra viento y mareas, a pesar de los lógicos problemas y dificultades que la vida y la convivencia plantea. En este sentido la Virgen invita, sobre todo, a la oración. Los esposos, la familia, deben rezar unidos para que Dios pueda fortalecerlos. Deben quererse y amarse con sinceridad, no permitiendo que los pequeños problemas acaben haciéndose un mundo; deben amar y cuidar a sus hijos, procurando rezar con ellos. Deben seguir la ley de Dios en todas las cuestiones relativas a la familia, incluidas las que tienen que ver con la sexualidad... La familia debe volver a resplandecer con la luz propia que Dios quiso darle y que algunos intentan oscurecer.

Trabajar por el bien de la familia es trabajar por el bien de la humanidad y de la sociedad. Dice la vidente Mirjana: "Nuestra Madre celestial espera de nosotros que volvamos a rezar en familia el Rosario, porque no hay nada mejor que la oración conjunta para unir a los miembros de la familia". Jakov explica: "La Virgen María nos pide que recemos especialmente en familia. Ella dice que nada puede unir más a la familia que la oración en común. Ella dice que pongamos a Dios en el primer lugar de cada familia y que tengamos tiempo para Dios en familia. Esto se hace con hechos concretos, no sólo diciéndolo. Hay que tomar decisiones para que Dios sea el centro de nuestra familia". Dice la Virgen:

–Deseo decirles especialmente que la familia tiene que orar unida. El Espíritu Santo quiere estar presente en las familias. Permítanle que venga. El viene a través de la oración. Por este motivo, oren y permítanle al Espíritu Santo que los renueve a ustedes para así renovar la familia de hoy. Su Madre les ayudará (3-7-1989)

* * *

La Virgen indica con preocupación como los miembros de la familia, muchas veces, se tratan como extraños: el padre apenas está en casa, los hijos viven y se educan en la calle. Los padres ya no tienen tiempo para estar con sus hijos, ni para acogerlos con amor en el hogar porque nunca están. El niño crece sin el amor de sus padres y, cuando es joven, lo busca en otros sitios. Donde primero le ofrecen cariño allí se entrega totalmente, porque nunca ha experimentado en su propia casa lo que es sentirse querido y valorado. La Virgen viene a indicarnos que debemos dar un cambio a nuestras familias y dejar que el amor, el estar juntos y el respeto prevalezcan sobre otras cosas. Ella dice:

–Quisiera invitar a los padres del mundo que busquen tiempo para sus hijos y para su familia. Que los padres ofrezcan amor a sus hijos. Que este amor sea un amor de padres (31-7-1989)

Muchos padres buscan para sus hijos solamente los bienes materiales. Creen que así los aman. Es un error. La vidente Mirjana dice: "En Medjugorje tuve la oportunidad de hablar con muchos matrimonios jóvenes de todo el mundo. Muchos de ellos comentan lo mismo: –No tenemos mucho tiempo para rezar. Trabajamos mucho para que nuestros hijos no sufran como hemos sufrido nosotros. Queremos dejarles lo más posible–. Al escucharlos, tengo un sentimiento de tristeza y pienso en lo equivocada que es su postura frente a la vida. El hombre puede dejar a sus hijos toda la riqueza material, les puede dejar miles y miles de euros, pero ellos nunca estarán completamente satisfechos. Siempre buscarán más. Pero si los padres siembran en los corazones de sus hijos el deseo de pertenecer a Jesús, y de que Él esté en primer lugar, esos jóvenes estarán felices y satisfechos con lo que tienen, en un ambiente de paz auténtica, que nos puede dar solo Jesucristo".

Por eso, continua explicando Mirjana, "la principal responsabilidad la tienen los padres, que deben sembrar en el corazón de sus hijos las raíces de la fe. La mejor manera de lograrlo es motivar a la oración conjunta e ir a Misa con los hijos… Es sabido que los hijos aprenden a través del ejemplo; ellos imitan a sus padres y hacen lo que hacen sus padres. Por eso, la madre y el padre tienen que demostrar que, en sus vidas, Dios y la Virgen están en primer lugar, y después todo lo demás… ¿Cómo le vamos a hablar a nuestros hijos sobre la importancia de la Santa Misa cuando ven que la Misa no es para nosotros el centro de la vida? ¿Cómo hablarle a los niños sobre la importancia de la oración, cuando no nos ven en oración? Los niños deben tener el ejemplo de sus padres, el ejemplo es muy importante".

¿Y qué ocurre cuando los niños se hacen mayores y no siguen la vida de la fe? Muchos peregrinos en Medjugorje preguntan a los videntes esto, pues lo sufren en sus propias familias. Responde Mirjana: "Debemos decir: –Señora mía, yo te los doy a Ti, los pongo en tus manos, yo voy a rezar por ellos, pero a Ti te ruego que hagas el resto–. Estén seguros que Ella lo va a hacer. Tal vez no hoy o mañana, no cuando tú lo quieras, sino cuando sea la voluntad de Dios. Nunca hay que rendirse ya que quien tiene fe, ese también tiene esperanza". Entreguemos con confianza los hijos a la Virgen para que Ella los cuide.

* * *

Dentro de todo lo que tiene que ver con la destrucción de la familia la Virgen ha llamado la atención especialmente sobre el aborto:

–*Existen tantos niños abandonados y tantos otros que son asesinados en el seno materno. ¡Hijos míos, oren para que cada vez haya menos madres que asesinen a sus hijos no nacidos!* (16-7-1988)

A Mirjana, de forma especial, la Virgen le reveló algo más acerca del aborto. Un día una compañera de la escuela de Mirjana le dijo como la cosa más natural: "Hoy voy a abortar y después iré al concierto". Mirjana, indignada de que se pusiera al mismo nivel la vida de un niño y un concierto de música, le soltó una bofetada. Eran los primeros días de las apariciones y Mirjana todavía no había pulido su temperamento (después, con el tiempo y con la guía de la Virgen, lo ha hecho). Las dos chicas se pelearon y fueron llevadas a la oficina del director. Después, cuando la Virgen se le apareció no dijo nada acerca de la bofetada. Pero si le dijo a Mirjana que sólo podía cambiar a esas personas con el ejemplo y la oración. Más adelante, a preguntas de Mirjana, le habló más del tema. Le dijo que no debía juzgar a las personas que abortan sino que debía amarlas y rezar por ellas para que se reconciliaran con Dios. Le explicó que el aborto es un pecado muy grave porque es matar, que Dios perdona todos los pecados pero para este en particular pide a la madre y al padre que ambos hagan una gran penitencia en reparación. Dijo que el padre y la madre del niño abortado tendrían que sufrir mucho. Y lloró copiosamente. En Medjugorje muchas personas que habían abortado han encontrado el perdón de Dios y la paz interior. Se han convertido en defensoras de la vida y han encontrado una bonita manera de reconciliarse con esa vida que no dejaron nacer: han tenido el valor de pedirle perdón e incluso de ponerle nombre y aceptarlo en su corazón como hijo, cosa que no hicieron al abortar.

* * *

El aborto ha crecido por la mentalidad anti-vida, tan extendida en nuestra sociedad, según la cual la vida no es un don. Otra manera de manifestarse es por medio de la mentalidad anticoncepcionista. Está tan infiltrada en nuestro mundo y en las familias que difícilmente se puede encontrar (incluso entre creyentes) parejas que no la tengan bien metida y asumida. El hijo se programa, se planea, como si fuera un objeto propiedad de los padres. Ya no se considera un don el tener varios hijos. Esta sociedad consumista y materialista, donde lo importante es tener, lo considera casi una maldición y un atraso. Las casas se llenan de todo tipo de cosas materiales pero no de hijos.

La Virgen, en Medjugorje, ha mostrado mucho cariño hacia los niños. Siempre se alegra de que los peregrinos traigan a sus hijos pequeños y de que los lleven a la Iglesia. El primer día de las apariciones, el 24 de Junio, vino con el niño Jesús en brazos.

Muchos matrimonios han experimentado en Medjugorje el gozo de poder ser transmisores de la vida. Han redescubierto el gran valor que tiene la paternidad y la maternidad. Muchas mujeres, que se negaban a la vida, han hecho a raíz del conocimiento de los mensajes de Medjugorje una experiencia preciosa: han consagrado su vientre a la Virgen, para que Ella, si quiere, lo use para el nacimiento de nuevas vidas que sirvan a la mayor gloria de Dios.

En Medjugorje se invita a los matrimonios a confiar en la Providencia Divina y a no tener miedo a los hijos. El vidente Jakov dice: "Conozco a muchos jóvenes que después de casados no quieren hijos enseguida. Primero quieren disfrutar, estar solos. Después tienen que pagar el crédito de la casa y entonces dedicarse un tiempo a ellos mismos. Finalmente dicen que quieren tener un solo hijo. Ése es un buen ejemplo de cómo no poner la vida en manos de Dios".

Una mañana, a las ocho, Mirjana tuvo un encuentro con un grupo de peregrinos. Les habló de los mensajes, de los no creyentes, de varios puntos sobre los que insiste la Virgen…. Cuando había terminado un hombre le preguntó:

–Mirjana, ¿qué dirías a una joven mujer casada que se niega a tener hijos?

–¡Qué tener hijos es la cosa más bella del mundo! –respondió la vidente suscitando una ola de aplausos.

–¿Y si esta joven mujer dice que tiene miedo porque el porvenir es sombrío y es peligroso traer hijos a semejante mundo?

–¡Pero ella no tiene por qué temer! Que confíe sus hijos a Dios y a María….

–Sin embargo muchos matrimonios hoy día temen tener hijos…

–La Virgen dice: *No tengan miedo de tener hijos. ¡Más bien deberían tener miedo de no tenerlos! ¡Cuántos más hijos tengan, mejor será!*

Un silencio sepulcral se hizo entre los peregrinos, que cuchicheaban entre sí. No esperaban semejante "bombazo". ¡Es justo lo contrario de lo que piensa la sociedad actual!

–Pero Mirjana, ¿y los secretos? .... Sabemos que algunos de ellos anuncian cosas muy duras….

–¡No les tengan miedo a los secretos! Confíen sus hijos a la Virgen y no tendrán nada que temer de los secretos. ¿Por qué creen ustedes que ya tengo dos hijos y espero tener muchos más?

Los peregrinos guardaron un silencio meditativo intentando comprender el sentido profundo de todo lo que habían escuchado.

Una persona de mucha confianza de Mirjana le preguntó después, en privado, si realmente la Virgen había dicho aquellas palabras tal cual.

–Sí, Ella lo dijo, y sabe por qué. Y yo también lo sé… pero ya no te puedo decir más…

–¡Ah….! ¡tú lo sabes!

–¡Cuando los secretos sean revelados, comprenderemos por qué era importante tener muchos hijos! ¡Todos esperamos el triunfo del Corazón Inmaculado de María!

* * *

Los santos matrimonios se preparan con santos noviazgos. Muchos jóvenes hoy día viven mal su noviazgo: lo viven lejos de Dios. La pareja no reza, no van a la Santa Misa juntos, no entregan su noviazgo a Dios. Se basan más en la emotividad y el sentimiento que en el amor verdadero que surge de la paciencia, voluntad y entrega sacrificada. Tienen sexo antes de recibir el sagrado vínculo del matrimonio con lo cual están construyendo la sagrada intimidad sexual desde el pecado.

En Medjugorje muchos jóvenes aprenden a vivir un noviazgo limpio, puro, desde el Señor. Aprenden a discernir sus sentimientos para no dejarse llevar simplemente por las emociones, lo superficial, lo visible. He visto a chicas jóvenes de 18 años con mis propios ojos consagrar su virginidad al Señor hasta el matrimonio a través de la Virgen María en la cruz azul.

Un momento especial lo viví en una peregrinación en el año 2015 cuando al llegar con el grupo a lo alto del monte Krizevac vimos como un chico, al pie de la cruz, le propuso matrimonio a su novia. ¡Ella aceptó, claro! Así se empieza bien un futuro matrimonio: al pie de la cruz del Señor, donde se aprende lo que es el amor de verdad.

Hay personas que llevan a sus parejas a Medjugorje para hacerles encontrarse con Dios. Mirjana nos narra un caso: "Una joven de Milán trajo una vez a su novio. Al principio él estaba enfadado de estar en Medjugorje, pero cuando llegó el tiempo de irse parecía feliz. Volvió al cabo de unos meses. "No he creído en Dios casi toda mi vida", me contó. "Simplemente no podía existir. Cuando mi novia me dijo que quería venir a Medjugorje, vine sólo porque la quiero.... Cuando llegamos, me hubiera gustado darme la vuelta y regresar a casa, pero en nuestro segundo día aquí, la Virgen me acogió en sus brazos. No puedo describir lo que sintió mi corazón, pero nunca había sentido nada tan maravilloso. Me hizo bajar de mi pedestal. Cuando volví a Italia, me vi con mis amigos de toda la vida en un bar. No dije nada sobre mi viaje, pero noté que mis amigos me miraban de una manera extraña. Les pregunté si pasaba algo. "Estas distinto", me dijeron. "Normalmente eres muy gritón y arrogante. ¿Qué pasa contigo?". No me podía creer que lo habían notado. Les sonreí y les dije: "He conocido a Dios". Estaban asombrados. He vuelto a Medjugorje para dar las gracias. La Virgen me está ayudando a convertirme en una persona nueva".

EJEMPLO
¿Qué hace esa cruz azul encima del televisor?

Cuando Therese parte para Medjugorje la mayoría de las personas no entienden lo que hace. ¿Adónde va ella, una pobre campesina bretona de cincuenta y tres años, a hacer un viaje en autobús tan largo y penoso? Pero Therese no quiere escuchar a los que le desaconsejan ir. Ella, mujer de fe fuerte, tiene un motivo muy especial para ir a Medjugorje. Tiene una petición muy difícil, milagrosa, para la Virgen. Se trata de su hija Vera: su matrimonio va de mal en peor. El marido le grita, la trata con violencia, no quiere saber nada de Dios ni de la Iglesia. Ya van para tres años así y la situación se ha vuelto insostenible. Therese sufre al ver como su pobre nietecita, Harmony, tiene que soportar que sus papás se peleen y hablen de divorcio delante de ella que sólo sueña con tener un hermanito. El mismo día que parte de viaje su hija decide ir a ver al abogado para iniciar el procedimiento de divorcio.

Al llegar a Medjugorje oye hablar del famoso "trueque" que uno puede hacer con la Santísima Virgen María: ocuparte de rezar por sus intenciones y dejar que Ella se ocupe de tus problemas. Therese decide abandonar y entregar su problema y su sufrimiento a la Virgen. Le dice:

–Ocúpate de Vera y de su familia, mientras yo, por mi parte, me ocuparé de orar por tus intenciones.

Hecho el trato Therese va a la cruz azul y ora con fervor por todo aquello que pide la Virgen en Medjugorje: los no creyentes, los jóvenes, los pecadores, los sacerdotes, la paz en los corazones…

La primera noche una llamada telefónica le anuncia que, finalmente, su hija ha anulado la cita con el abogado porque, una vez más, quiere tratar de salvar su matrimonio.

Pasan los días y cada noche, después de los actos de la parroquia, Therese corre a la cruz azul donde, con gran confianza, intercede por largo tiempo por las intenciones de María.

Cuando regresa a Francia se entera, con asombro, de que su yerno está muy cambiado. Su hija le cuenta que una noche, hacia las diez, él se encontraba mirando la televisión desde su cama cuando, de repente, la llamó:

—¡Vera! ¡Ven a ver! ¡Rápido! ¡Mira esa inmensa cruz azul encima de la tele!.

Vera no ve nada. El marido insiste:

—¡Pero sí! ¡Mira! ¡Ahí está! (el miedo lo estremece… ¡un racionalista como él!)

Entonces Therese explica a su hija que ella ¡conoce esa cruz azul! En Medjugorje oraba cada noche frente a ella, precisamente a la misma hora.

Desde entonces (esto ocurrió en Junio de 1995) Vera y su marido han vuelto a frecuentar la Iglesia. Los dos han recibido el sacramento de la Confesión, lo que no había ocurrido en diez años en el caso de Vera y veinte en el de su marido… la violencia, los golpes, las palabras llenas de odio ya se han acabado; la familia ora junta cada día y la pequeña Harmony pronto pudo anunciar una magnífica noticia: ¡ya nació el hermanito!

El autor de este libro rezando en el lugar privado donde la vidente
Marija, normalmente, recibe todos los días la aparición de la
Santísima Virgen María

AMOR AL PRÓJIMO

Amaos los unos a los otros
(Juan 13, 34)

Hasta los mejores cristianos suelen tener ciertas antipatías, resentimientos y hasta odios secretos contra algunas personas. Es un hecho constatable: no nos solemos tomar muy en serio el nuevo mandamiento de Jesús de amarnos unos a otros como Él nos amo. Los cristianos solemos ser muy indulgentes a la hora de hacer nuestro examen de conciencia sobre el mandamiento del amor al prójimo. Siempre tenemos nuestras razones: "Sí, le dije esas palabras groseras, pero es que se las merecía..." "No, si yo no critico. Simplemente comento las incidencias de la vida..." "Yo perdono, pero no olvido. Y algún día sé que se la podré devolver. ¡Es justo!" "¿Compartir mis bienes? Si apenas tengo para mí."

La Virgen, en Medjugorje, ha insistido en el amor al prójimo, ayudándonos a recuperar toda la fuerza de este mandamiento. No le gustan las vanas excusas. Desea que trabajemos en tener un corazón caritativo, descubriendo en toda persona, por poco atrayente que nos parezca, la belleza que Dios, el Creador, ha puesto en ella. Porque toda persona merece ser amada ya que esta hecha a imagen de Dios y Jesucristo derramó su sangre preciosa de valor infinito por su salvación. Dios nos ama a todos: todos debemos amarnos, unos a otros.

La Virgen pide que no amemos de boquilla, sino de verdad. Especialmente a los enemigos, a los que nos han hecho daño. ¡Cuántas veces los cristianos venimos a Misa y después nos peleamos con nuestra propia familia, criticamos y somos incapaces de perdonar...! ¿Es esa la fe que Dios, el Dios del perdón, nos pide en el Evangelio?

La Virgen quiere que los cristianos demos un gran testimonio de amor. Quiere que nos reconozcan por amarnos unos a otros. Quiere que miremos con cariño a los demás, que mantengamos la paz en la familia, que cesemos nuestras críticas, que perdonemos, que amemos a todos, incluso a los malos:

–Invito a cada uno de ustedes a comenzar de nuevo a amar: primero a Dios que ha salvado y redimido a cada uno de ustedes y después a los hermanos y hermanas que les son cercanos. Sin amor, hijitos, no pueden crecer en la santidad y no pueden hacer obras buenas (25-11-1985)

–Los invito al amor al prójimo y sobre todo al amor hacia quienes les hacen mal (7-11-1985)

–Amen a sus enemigos. Destierren de su corazón el odio, la amargura, los prejuicios. Oren por sus enemigos e imploren para ellos la bendición divina (16-6-1983)

–No miren con desprecio al pobre que les suplica un mendrugo de pan. No lo arrojen de sus mesas repletas. ¡Ayúdenlo! Y también Dios los ayudará a ustedes *(28-1-1987)*

–Yo deseo que ustedes amen con mi amor a todos: a buenos y a malos. Sólo así el amor podrá reinar en el mundo *(25-5-1988)*

–Esta mañana os hablaré de lo que habéis olvidado: se trata del amor… Mi nombre es amor. El hecho que yo esté en medio de vosotros durante tanto tiempo es el amor, porque el Gran Amor me envía. Lo mismo pido de vosotros. Pido el amor en las familias, pido que reconozcáis el amor en vuestro hermano. Solo así, por medio del amor, veréis el rostro del más grande Amor *(2-3-2007)*

–Vengo a vosotros con el deseo materno de que me deis vuestros corazones… Dádmelos con total confianza y sin miedo. Pondré en vuestros corazones a mi Hijo y su misericordia. Entonces, hijos míos, miraréis con ojos diferentes al mundo que os rodea. Veréis a vuestro prójimo. Veréis su pena y sufrimiento. No deis la espalda a aquellos que sufren, porque mi Hijo apartará su rostro de aquellos que así lo hagan *(2-5-2007)*

–Os pido que aprendáis a perdonar, completa e incondicionalmente. Vosotros sufrís injusticias, traiciones y persecuciones, pero gracias a eso estáis más cerca y sois más amados por Dios. Hijos míos, orad por el regalo del amor. Solo el amor perdona todo, como mi Hijo perdona: seguidlo a Él. Estoy entre vosotros y pido que cuando estéis frente al Padre podáis decir: "Aquí estoy, Padre, yo seguí a tu Hijo, he amado y perdonado con el corazón, porque creo en tu juicio y confío en Ti" *(2-9-2009)*

–Para conocer y amar a los otros debéis ver a mi Hijo en ellos *(2-7-2010)*

–Amad y perdonad para ser dignos del Padre, porque vuestro Padre es amor y perdón *(2-6-2013)*

–El perdón es la forma más sublime del amor... debéis orar para que podáis ser más fuertes en el espíritu y podáis comprender y perdonar... Poder comprender y perdonar es un don, por el que hay que orar, y que hay que cultivar. Al perdonar, demostráis que sabéis amar *(2-6-2019)*

–Cuando amáis a las personas con las que os encontráis, estáis difundiendo el amor de mi Hijo. El amor es lo que abre las puertas del Paraíso *(2-5-2019)*

–El amor lo cambia todo, él hace maravilloso incluso lo que sin amor os parece insignificante. Por eso nuevamente os digo que, si deseáis crecer espiritualmente, debéis amar mucho *(2-9-2018)*

–Os invito a que en toda criatura de Dios, en todos mis hijos, procuréis ver algo bueno y a que intentéis comprenderlos *(2-4-2015)*

–Amaos los unos a los otros. Yo viví vuestra vida terrena y sé que no siempre es fácil, pero si os amáis unos a otros, oraréis con el corazón y alcanzaréis cumbres espirituales y se abrirá para vosotros el camino hacia el Paraíso *(2-9-2015)*

–Todas las cosas de esta tierra –que desgraciadamente muchos hijos míos ponen en el primer lugar– desaparecerán, y permanecerán sólo el amor y las obras de amor *(2-11-2015)*

–Recuerden que amar significa desear el bien de su prójimo y desear la salvación de su alma *(2-6-2018)*

El testimonio de Slavica Vasilj (que ya nos contó su experiencia de la Confesión en el capítulo correspondiente) nos puede ayudar: "Cuando tengo un problema con alguna persona y no puedo amarla, oro delante de la Cruz por ella hasta que el amor entra en mi corazón. Nuestra Señora de hecho nos dijo esto: *Si tienen problemas para amar y aceptar a una persona, oren hasta que el amor a ella venga a su corazón*"

Es importante que evitemos la crítica y los juicios hacia los demás, tan comunes en nuestra vida y que tanto daño nos hacen pues nos quitan lentamente la caridad. En el encuentro de oración del 9 de Febrero de 2013 al que hemos hecho referencia en el capítulo de la Iglesia, la vidente Mirjana dijo: "¡Pedid a Dios el don del amor! Cuando tienes el don del amor no juzgas nunca, ni criticas nunca, porque en cada persona ves a Jesucristo".

A los videntes les gusta contar la siguiente anécdota. Una vez, maravillados ante la hermosura de la Virgen, le preguntaron:

–Madre, ¿por qué eres tan bella?

Ella respondió:

–*Soy bella porque amo. Si quieren ser bellos, amen y no tendrán tanta necesidad del espejo.*

EJEMPLO
Amar con amor de madre

Rolande, mujer casada que vive en Normandía, tenía un conflicto interior grande. Cristiana, sabía que Jesús nos pide que nos amemos los unos a los otros. Pero ella era incapaz. Sus relaciones con los demás eran muy difíciles, sobre todo con aquellos que no le parecían muy "queribles". Hacía sufrir a todo el mundo. Al mismo tiempo estaba siempre furiosa consigo misma, infeliz, llena de escrúpulos por no poder responder a la llamada de amor que Jesús nos lanza. Trataba de acallar sus sentimientos negativos, pero no era capaz….

Un día, mientras cosía, escuchaba un casete sobre los mensajes de Medjugorje. En la cinta dijeron que la Virgen venía para darnos su corazón, sí, su propio corazón maternal para que pudiéramos amar a los demás como Ella los ama. Rolande paró la grabación. Volvió a escuchar esas palabras, las reflexionó, las meditó… Y de repente, en un segundo, se le hizo la luz interior: ¡ahora lo comprendía! ¡Debía amar a los demás con un corazón de madre! Una madre ama a su hijo más allá de lo visible, aún si su aspecto es a veces algo repulsivo. Rolande se sintió "renacer": notaba que se había producido en ella un milagro. ¡Y así fue! Desde ese día no volvió a tener ningún bloqueo al acercarse a los demás. Es más: ¡se sentía llena de alegría! Gracias a la Virgen por fin pudo vivir el mensaje de amor del Evangelio.

SANTIDAD

Sed santos en todo vuestro proceder
como es santo el que os ha llamado
(1 Pedro 1, 15)

La Virgen, en Medjugorje, es exigente. Y lo es porque el Evangelio, en su esencia, es exigente. Ella nos ama y por eso no nos trae un mensaje blando o cómodo. Nos dice las cosas de Dios tal y como son, sin ocultarnos la verdad. Ella quiere que todos (independientemente de la edad que tengan, sean jóvenes, mayores, sacerdotes o personas casadas) vivan una vida cristiana plena. Es por este motivo que la Virgen nos invita a escoger la santidad para nuestra vida:

–*Hoy los invito a todos a decidirse por la santidad. Que para ustedes, hijitos, la santidad esté siempre en primer lugar en vuestros pensamientos, en toda situación, en vuestro trabajo y en vuestras palabras (25-8-2001)*

En un momento de la historia en el que muchos cristianos se contentan con ir a Misa (si es que van), decir unas cuantas oraciones por la noche y poco más, la Virgen no teme hablarnos de la necesidad de que seamos santos. A nosotros no nos gusta esta llamada porque nos compromete sacudiéndonos de nuestra pereza y cobardía para las cosas de Dios e invitándonos a la radicalidad de la entrega total. Pero es una llamada que necesitamos oír. Dios nos está invitando a una profunda unión con Él. Todos estamos llamados. Nadie debe sentirse excluido:

–*Como su Madre, Yo deseo llamarlos a todos a la santidad (10-10-1985)*

–*Yo deseo que cada uno de ustedes descubra el camino de la santidad y que crezca en ella hasta la eternidad (25-4-1990)*

–*Hijitos, viven en un tiempo en que Dios les da grandes gracias, y ustedes no saben aprovecharlas. Se preocupan de todo lo demás, menos del alma y de la vida espiritual. Despierten del sueño cansado de su alma y digan a Dios con todas sus fuerzas: "Sí". Decídanse por la conversión y la santidad (25-3-2001)*

–*Los invito a vivir tomando a los Santos como ejemplo. La Madre Iglesia los ha escogido para que ellos sean un estímulo para ustedes en su vida diaria (25-10-1994)*

–*La Iglesia progresa y crece gracias a aquellos que escuchan las palabras de mi Hijo, gracias a aquellos que aman, gracias a aquellos que sufren y padecen en silencio y en la esperanza de la redención definitiva (2-1-2016)*

* * *

¿Qué hay que hacer para vivir la santidad? No se trata de hacer cosas raras sino de entregar nuestra vida con sencillez y humildad al Señor. Nosotros debemos buscar amar a Dios en todo momento y cumplir su voluntad, pidiéndole de corazón que así sea. Él debe estar presente en toda nuestra jornada diaria, no sólo cuando hay problemas, vamos a la Iglesia o antes de dormir. El vidente Ivan dice: "Ella quiere que todo lo que hagamos lo convirtamos en un encuentro con Dios". Y la vidente Marija, por su parte, añade: "Un verdadero cristiano tiene que vivir su santidad en todas las situaciones: en su familia, en su parroquia, en la escuela, en su trabajo, allí donde Dios nos ha enviado"

–*Todo lo que ustedes hagan y todo lo que posean entréguenselo a Dios para que Él pueda reinar en sus vidas como Señor de todo lo que tienen* (25-7-1988)

–*Liberaos de todo lo que os ata únicamente a lo terrenal* (18-3-2016)

–*Durante la siguiente semana te invito a decir estas palabras: "Yo amo a Dios en todo". Con amor, se obtiene todo. Ustedes pueden recibir muchas cosas, incluso las más imposibles* (25-2-1985)

–*Dios os ama inmensamente y por eso, hijos míos, llenos de confianza, sin mirar hacia atrás y sin temor, entregadle completamente vuestros corazones para que Dios os colme de Su amor. No tengáis temor de creer en Su amor y misericordia porque Su amor es más fuerte que cualquier debilidad y temor vuestro* (25-12-2018, mensaje de la aparición anual de Jakov)

–*Si Dios está en primer lugar, entonces, en todo lo que hagan, buscarán la voluntad de Dios. Así, su conversión cotidiana será más fácil. Hijitos busquen con humildad aquello que no esté en orden en sus corazones y comprenderán qué es lo que deben hacer* (25-4-1996)

Esto es lo esencial de la santidad. Se equivocan los que piensan que la santidad es tener dones extraordinarios, apariciones y cosas semejantes. Incluso muchos que van a Medjugorje lo hacen de manera equivocada, pues esperan ver alguna señal o recibir algún don especial. No es eso lo que Dios nos pide. La santidad es un camino más sencillo; se resume en esa disposición humilde del que quiere en todo momento, por amor, hacer la voluntad de Dios. El que busca y hace esto está en el camino de la santidad, aunque su vida sea muy normalita y llena de cosas pequeñas y comunes.

Los videntes también han tenido que aprender esto. Para ellos la santidad era algo inalcanzable, pues imaginaban que solo ciertos cristianos privilegiados, los sacerdotes y las monjas, estaban llamados a ser santos. Pero la Virgen les mostró que no. Entonces fueron comprendiendo que la santidad es algo para todos, y que puede y debe vivirse en cualquier situación, por simple y sencilla que parezca. La vidente Marija lo dice de esta manera: "He visto como, a través de la simplicidad de la vida cotidiana, la Virgen nos ha conducido a la profundidad de la vida espiritual".

Un caso especial fue el del vidente Jakov. Él tenía diez años cuando empezaron las apariciones. Se encontró ante una fuerte llamada a una vida santa que hubiera asustado a cualquier niño de su edad. A él también le asustó un poco. Pero pronto descubrió el secreto: el amor. Nos cuenta: "Al tener solamente diez años me preguntaba si sería capaz de responder a sus deseos y vivir como lo esperaba Ella de nosotros. Ahora me resulta muy claro: si amas realmente a alguien como yo empecé a amar a la Virgen y a nuestro Salvador, nada es difícil." Si amamos a Dios y a la Virgen apasionadamente nada en el camino cristiano nos resultará imposible. Tendremos fuerzas para todo.

El vidente Ivan nos cuenta: "Cada mañana cuando me levanto lo primero que pienso es: –Madre, ayúdame para que todo lo que haga hoy sea para cumplir tu voluntad, no mi voluntad, sino tu voluntad y la de tu Hijo–. A la noche, cuando me acuesto me pregunto: –Madre, ¿fue todo bueno lo que hice hoy?.... El camino de la santidad es un proceso que dura toda la vida, por el que tenemos que decidirnos cada día. Todos los días tenemos que decidirnos por cambiar, todos los días por rechazar el mal y el pecado. Todos los días tenemos que rechazar todo lo que nos impide avanzar en nuestro camino de santidad. Todos los días tenemos que abrirnos al Espíritu Santo y a su gracia. Y todos los días tenemos que reconocer lo que no es bueno. Esa es la única manera de crecer en santidad, evitar lo que no es bueno".

Si vivimos la santidad nos convertimos en ejemplo y testimonio para otras personas, y les ayudamos a encontrar a Dios en sus vidas, aunque no hablemos ni digamos nada. La vidente Mirjana dice: "La Virgen espera de nosotros que seamos ejemplo de vida cristiana. Eso no significa que andemos repartiendo sermones, criticando a los demás o juzgándolos. Al contrario, eso significa que a través de nuestra manera de vivir tenemos que mostrar cómo es Dios, cómo es su Amor hacia nosotros".

La santidad se opone a todo tipo de fanatismos raros y extraños. Hay personas que con sus actitudes en público asustan a los demás y los alejan de la religión. La Virgen nos ha enseñado que debemos ser muy normales: santos sin hacer ruido. Marija dice: "La Virgen desea de nosotros una vida perfecta, pero no una vida de fanatismo o estrafalaria, sino que seamos siempre más perfectos en el ambiente donde nos movemos…. Yo, como madre, como esposa, puedo experimentar de miles de maneras esta santidad".

Me gusta contar una anécdota sucedida en uno de mis viajes a Medjugorje. Iba con un grupo de peregrinos al monte de las apariciones cuando en un recoveco del camino apareció ni más ni menos que el vidente Iván ¡haciendo footing!. Algunos quizás se extrañen. Yo de ninguna manera. Toda actividad humana que no sea pecado se puede ofrecer con amor al Señor. Y eso nos santifica. ¡También el footing!

* * *

La santidad incluye el cumplimiento de los mandamientos de Dios, muy olvidados hoy día por el mundo y por los cristianos. En la Navidad del año 2012 ocurrió, durante la aparición a la vidente Marija, algo impactante que fue muy comentado. Es sabido que el día 25 de Diciembre, en la aparición, la Virgen suele traer al Niño Jesús. Él no dice nada: mira, sonríe… Pero el 25 de Diciembre del año 2012 el Niño Jesús se irguió en los brazos de su Madre, a pesar de aparecer como un recién nacido, y dijo lo siguiente:

–*Yo soy vuestra Paz. ¡Vivid mis mandamientos!*

Marija explicó muy impactada que el Niño había hablado con gran autoridad, con la voz de un niño que ha alcanzado la edad de la razón.

¿Y si fallamos y cometemos errores? No hay por qué angustiarse. Santo no es el que nunca cae, sino el que siempre se levanta y reanuda su marcha hacia Dios. También los videntes, al principio, tenían muchos fallos. La Virgen no les reprochaba: simplemente los miraba con mucho amor, compadeciéndose de ellos y animándoles con estas palabras: *¡Ustedes pueden cambiar!* Así, poco a poco, lograron ir mejorando en sus defectos.

No pienses que es tarde. Nunca lo es. Da igual la edad que tengas, los errores de tu vida, lo que hayas hecho... hoy puedes decidirte por la santidad:

–Yo os invito: ¡No es tarde, decidíos por la santidad y la vida con Dios en gracia y en paz!. Dios os bendecirá y os dará el ciento por uno, si confiáis en Él (25-9-2018

Empieza a luchar hoy por ser más santo. Pide ayuda y esfuérzate. La Virgen y el Señor pronto te harán crecer en este camino.

* * *

En el camino de la santidad es esencial guiarse por la lectura de la Palabra de Dios. La Virgen, en Medjugorje, ha dicho con pena que los creyentes hemos olvidado la Biblia.

Lamentablemente es cierto. Es un libro muy desconocido para nosotros. Deberíamos tener todos los días una breve lectura, sobre todo de los Evangelios. La Virgen ha animado a recuperar una bella tradición cristiana: la de colocar una Biblia abierta en un lugar importante de la casa, como un altar, para recordar la centralidad que debe tener la Palabra de Dios en nuestra vida:

–Los invito a leer cada día la Biblia en sus casas; colóquenla en un lugar bien visible (18-10-1984)

–Pongan la Sagrada Escritura en un lugar visible en sus familias, léanla y vívanla. Enseñen a sus hijos, porque si ustedes no son un ejemplo para ellos, los hijos se irán por el camino de la impiedad (25-8-1996)

–Leed, meditad la Sagrada Escritura y que las palabras allí escritas sean vida para vosotros (25-2-2012)

–Él (Jesús) os ha dicho palabras divinas, palabras de Dios, palabras que son para todos y para siempre (2-4-2019)

–No tengáis miedo de defender la verdad: la Palabra de Dios, que es eterna y nunca cambia (2-2-2019)

"La Virgen" –dice Mirjana– no especificó cuánto debemos leer de la Biblia cada día, pero unos cuantos versículos es mejor que nada. Lo más importante es abrirla regularmente".

* * *

Finalmente huyamos de la falsa idea de que entregarse a Dios y llevar una vida de fe y de oración es aburrido e impedirá que nos divirtamos. Precisamente la fe nos dará una alegría y diversión real auténtica pues nadie puede ser feliz sin Dios. Este engaño es el que el demonio suele poner delante a los jóvenes para que no se decidan por la santidad. La vidente Mirjana les recomienda: "Muchos de ellos (los jóvenes) piensan que todo les estará prohibido si siguen a Jesús, pero la fe no puede ser reducida a un conjunto de normas. Les digo que si les gusta salir, socializar, bailar, entonces, ¿por qué no? Pero que bailen con Jesús". Aquí está la clave: hacerlo todo desde Dios y por amor a Dios, en unión con Él. Y eso nos ayudará a discernir lo que no le agrada y debemos evitar.

EJEMPLO
Un vínculo pasional difícil de romper

Sara ya no podía más cuando llegó a Medjugorje en 1991, después de dieciséis años de matrimonio. Llegó con el corazón oprimido y con su vida rota. Ya apenas podía dormir. ¿Por qué? Porque amaba a dos hombres a la vez: a su marido y a un amigo de juventud que había vuelto a ver hacía dos años. Aquella situación no le daba tregua y la agotaba completamente.

Sara había descubierto la fe a los dieciocho años. Entonces descubrió que Jesús debía serlo todo para ella: se entregó seriamente a un camino de santidad. Pero a los veintitrés años un amor loco, pasional, por un hombre casado y padre de familia echó todo por tierra. Vivieron una relación muy intensa, hasta el día en el que él no quiso saber nada más de ella. Sara quedó destrozada. No obstante logró reponerse de esa herida emocional y se casó con Bertrand, que compartía su fe y concordaba con su visión de la vida.

Pero años más tarde tiene lugar un inesperado reencuentro con el hombre casado. Ella ve que ha cambiado y sin poder evitarlo le vuelve a surgir la pasión, ¡más violenta que nunca!. Él la invita a pasar un fin de semana juntos, simplemente para hablar, respetándose mutuamente. "Será un intercambio espiritual y profundo" le dice Sara al aceptar. Pero ella no se engaña: aunque desea que ese hombre se acerque a Dios sueña también con encontrarse nuevamente en sus brazos. La espera de ese fin de semana provoca en ella una gran angustia y finalmente decide anular el encuentro. Pero no acaba ahí el sufrimiento: noche y día piensa en él, lo visualiza… aquello se convierte en una especie de obsesión. La tentación se acerca insinuante: "Ya lo has conocido y amado; una vez más o menos, ¿qué diferencia hace? De acuerdo, has jurado no traicionar tu matrimonio, pero con este amigo tan querido, ¡es diferente! Le hablarás de Dios. Y si ustedes tienen alguna relación física, no tratándose de algo nuevo, no será tan terrible…"

Hasta en la oración estos pensamientos la acosan. Sara está muy perturbada porque en el fondo sabe que Dios no quiere que siga viendo a ese hombre. Ella quiere salvarlo, ayudarle, pero no se siente capaz de estar a solas con él un fin de semana sin cometer adulterio. Y para colmo de males las cosas con su marido empiezan a ir mal: algunos de sus defectos la irritan y un imprevisto fracaso profesional obliga a Sara a retomar su trabajo. Pero ella, a pesar de todo, tiene algo extraordinario en su vida que finalmente la va a salvar, algo que empezó a los dieciocho años y que ella resume en tres palabras: "Siempre he orado".

Ella pedía a la Virgen que la ayudara, que no la abandonara. Desde hacía cinco años había conocido y empezado a vivir los mensajes de Medjugorje. Había comenzado a rezar el Rosario. Había escuchado tanto a María hablar de la paz interior, de la paz en las familias... ¡justo lo que le faltaba! Por eso se agarró a la Virgen desesperadamente.

En 1991 ella y su marido llegan a Medjugorje. Ella trae todo su drama interior. La peregrinación trascurre sin nada especial o sobresaliente. El último acto incluye la consagración a la Virgen durante la Misa. Cuando regresan a casa Sara se pregunta qué gracias le habrá alcanzado nuestra Madre del Cielo. Pronto se dio cuenta: en el trascurso de las semanas siguientes se encontró plenamente trasformada. Se sentía en paz. Es más: ¡nunca había gozado de tanta paz! Ella había entregado a Dios, por medio de María, su pasión, sus preocupaciones... y ahora notaba que todos los reproches acumulados en su vida de casada habían desaparecido. Durante mucho tiempo había sentido en su amor por su marido algo así como una espina, algo que le hacía daño. Ahora aceptaba a su marido tal y como era y lo amaba así. La preocupación se esfumo dejando paso a la felicidad. La familia empezó a vivir más unida, como nunca lo había estado. ¿Su vínculo pasional con el otro hombre? Se desvaneció. Lo que ella no había logrado en dos años lo logró María en Medjugorje: el vínculo se deshizo interiormente solo, como si nunca hubiese existido. Sara volvió a dormir en paz y a disfrutar de su vida. ¡Gracias a la Virgen volvía a elegir el camino de la santidad para su vida!

PERSEVERANCIA

Con vuestra perseverancia salvaréis vuestras almas
(Lucas 21, 19)

Suele suceder que muchos, al encontrarse repentinamente con Dios, acogen con entusiasmo esa fe renovada en su vida. Se dejan llevar excesivamente por la emoción y el sentimiento, por el gozo inesperado de conocer y amar a Jesús. Pero después, pasado el primer tiempo de fervor, dejan de practicar esa fe (que era como una novedad) y vuelven a su vida anterior. La fe es en ellos como los fuegos artificiales, que causan un bonito espectáculo durante segundos pero después no queda más que un palillo quemado.

Otros comienzan con entusiasmo su vida cristiana pero cuando ven que vivirla supone dificultades (luchar contra sus pasiones desordenadas, vivir los sacramentos, seguir los mandamientos...) la acaban abandonando. No quieren esforzarse.

Finalmente hay quienes empiezan a vivir la fe de forma intensa pero aquellos que les rodean (familiares, amigos, etc...) no están de acuerdo y les hacen oposición. Suele ocurrir: basta que alguien desee vivir su fe de forma más profunda para que surjan voces a su lado que intentan echarlo para atrás: "Todo eso son tonterías" "Te están lavando la cabeza" "Te tomas demasiado en serio la religión" "Te estas volviendo una beata"... Muchos, para acallar estas críticas y persecuciones abandonan todo lo emprendido o no dan más pasos.

La Virgen ha insistido en Medjugorje en la necesidad de ser perseverantes en nuestra fe:

–Hay cierta tristeza en mi Corazón por todos aquellos que comenzaron a seguir este camino y después lo abandonaron (25-6-1992)

–Cuando Yo les decía: "¡Conviértanse! ¡Ayunen! ¡Oren! ¡Ayunen!" ustedes acogieron este mensaje superficialmente. Comenzaron a vivirlo, pero después se detuvieron porque era demasiado difícil para ustedes. ¡No, queridos hijos! Sepan que cuando algo es bueno deben perseverar en el bien (25-3-1992)

–Algunos empiezan a orar y ayunar como se les ha dicho, pero se cansan muy rápido y así pierden las gracias que han adquirido (29-8-1983)

Especialmente es problemático el tiempo de verano. Muchos, con la excusa de que es tiempo de vacaciones, de descanso, de tranquilidad, dejan las cosas de Dios o las mantienen en sus aspectos más mínimos. La Virgen ha dado con frecuencia mensajes durante el tiempo de verano llamando la atención sobre este particular:

–*En este tiempo no penséis solo en el reposo de vuestro cuerpo, sino, hijos míos, buscad también tiempo para el alma* (25-7-2006)

La perseverancia es cosa nuestra. Sabemos que Dios y la Virgen no nos van a faltar, van a estar ahí, a nuestro lado, ayudándonos y sosteniéndonos si nosotros no les dejamos. Somos libres de decidir si queremos permanecer con Dios hasta el final o si nuestra vida de fe va a ser simplemente cosa de un momento.

No olvidemos nunca que por muchos años que llevemos rezando y acudiendo a los sacramentos no nos podemos confiar pues en cualquier momento podemos volver atrás o empezar a vivir esas cosas sin fe y amor verdadero, como una costumbre. Dice Mirjana: "Nadie puede decir en verdad *estoy convertido*, porque la conversión dura toda la vida. Incluso el más santo entre nosotros puede ser siempre mejor".

EJEMPLO
Abandonando la droga

Una de las etapas de la vida más inconstantes y con más cambios es la juventud. ¡Con cuánta frecuencia los jóvenes se entusiasman con una cosa para después, a los pocos días, olvidarla y pasarse a otra! En el campo de la fe ocurre lo mismo: es difícil que los jóvenes perseveren durante mucho tiempo en una vida real y auténtica de fe. Pueden entusiasmarse, quizás hasta algunos años, pero la perseverancia es complicada.

Medjugorje se ha convertido, sin buscarlo, en un centro de peregrinación donde llama la atención la gran cantidad de jóvenes que acuden. Allí descubren la belleza de la fe, la libertad que tiene quien es hijo de Dios. Allí descubren que la Iglesia no es algo del pasado, que no es una institución anquilosada y antigua. Descubren los auténticos valores del Evangelio que llenan y satisfacen sus vidas. Retoman una fe abandonada y perseveran en su práctica aunque les suponga esfuerzo. ¡Es hermoso comprobar como los jóvenes peregrinos de Medjugorje se convierten después, en sus países de origen, en jóvenes comprometidos en un fe verdadera y auténtica!

Uno de los problemas más serios que puede tener la juventud es dejarse atrapar por las drogas. Un mundo sin valores, hedonista, materialista (que da a los jóvenes el mensaje de que deben buscar únicamente el placer, la libertad mal entendida y la rebelión) suelen conducir a la droga, donde es fácil entrar y muy difícil salir. En Medjugorje muchísimos jóvenes han podido reorientar su vida gracias a las experiencias allí vividas. Veamos dos casos:

En Estados Unidos un joven se involucró con un grupo de consumidores y traficantes de drogas, volviéndose él mismo adicto. Empezó a faltar a la escuela y a regresar tarde a su casa. Cuando su padre se enteró de lo que pasaba armó un gran escándalo: hizo todo lo posible por apartarlo de las drogas pero no pudo. Finalmente lo echó de la casa y el hijo vivió en la calle, a la que realmente pertenecía desde hacía ya tiempo. Pero no estaba a gusto con aquella vida. Había tocado fondo. Un día escuchó hablar de Medjugorje y tuvo deseos de ir allí. ¿Cómo, si apenas tenía suficiente dinero para sus drogas? Unos amigos de su padre, enterados, decidieron pagarle el viaje. Aquel joven fue a Medjugorje con un grupo de peregrinos: lo observó todo. Vio como todos oraban y se confesaban. Pensó que él también debía confesarse. Lo hizo y se sintió feliz como nunca antes lo había estado. Ese mismo día decidió firmemente renunciar a las drogas. Vuelto a Estados Unidos le vino el pensamiento de ser sacerdote. Habló con su Obispo y le trasmitió su deseo. La conversación fue muy larga y el Obispo quedó impactado por la fe del muchacho. Decidió admitirlo en el seminario. El joven mantuvo en secreto su anterior problema con las drogas por miedo a ser rechazado. Pasó sus estudios con mucho éxito en el seminario y fue ordenado sacerdote. Poco tiempo después su Obispo le encargó atender a los jóvenes, especialmente a los vagabundos y drogadictos. Y así se encontró atendiendo a aquellos a los que él había pertenecido antiguamente y cuya problemática, por lo tanto, conocía muy bien. Solía terminar de contar su historia extendiendo sus brazos en alto y diciendo:

–¡Miren estas manos! Alguna vez tomaron drogas y las distribuyeron entre otros. Y hoy toman a Jesucristo y lo imparten a los demás.

Otro caso: una estudiante de Alemania había caído en malas compañías, flojeaba en sus estudios, consumía drogas y ya no iba a la Iglesia ni oraba. Su madre fue a Medjugorje a pedir por ella. Al regresar la madre intentó sacar a su hija de todo aquel mal ambiente, pero en vano. Decidió volver otra vez a Medjugorje a pedirle con más fe a la Virgen que salvara a su hija, y le pidió a ésta que la acompañara. Pero la joven se negó. La madre fue sola. ¡Cuál no sería su sorpresa al ver, al segundo día de su estancia, a su hija entre los peregrinos! Ella le dijo que no pudo quitarse de la cabeza la idea de que tenía que ir a Medjugorje y por eso decidió ir. Se unió a su madre y a los demás en la oración. La joven se interesó por los mensajes y al terminar la peregrinación fue a confesarse. Volvió a Alemania siendo otra. No quiso saber nada de sus malas compañías ni de los vicios. Al cabo de un tiempo manifestó a su madre su deseo de ser religiosa. Después de un prudente tiempo de espera se le concedió ingresar en una orden religiosa. Actualmente es una activa misionera, feliz de haber encontrado a Dios y de poder comunicarlo a los demás.

Otro más: en el festival de la juventud del año 2019 en Medjugorje el Obispo Hoser, enviado especial del Papa, dijo públicamente en su catequesis a los jóvenes que un día había encontrado a un sacerdote en Medjugorje que le contó que años atrás estaba en la droga. Vino a un festival de la juventud y cambió. No sólo abandonó la droga sino que acabó en el sacerdocio. Y todo de forma inmediata. ¡Ese es el poder de la gracia de Dios!

Después de todo esto no tiene nada de raro que en Medjugorje, en el año 1991, Sor Elvira Petrozzi haya abierto una casa de su famosa *Comunidad Cenáculo*, donde se ayuda a los adictos a abandonar las drogas. En esta casa los jóvenes no reciben ningún medicamento, ni drogas sustitutivas durante su estancia. Se dedican a la oración, los sacramentos y al estudio de la Biblia. El caso es que, mientras en muchos centros de desintoxicación (repartidos por todo el mundo), cuyos esfuerzos se centran en medicar, los resultados son nulos (muy pocos se curan y regresan a la vida normal) en *Cenáculo* el porcentaje de recuperación plena está entre el 70 y el 90%. ¡Un éxito teniendo en cuenta que en un país como Estados Unidos el porcentaje de recuperación plena está tan solo en un 1%! Medjugorje nos enseña que el gran problema de la juventud, del que nacen los demás, es la ausencia de Dios. Solucionado éste todo suele volver a su orden y su paz.

Mirjana orando en la aparición del día 2 de cada mes

CONSAGRACIÓN A MARÍA

Ahí tienes a tu madre
(Juan 19, 27)

Cuando la Virgen se apareció en Fátima en 1917 aseguró: *Por fin mi Inmaculado Corazón triunfará.* En Medjugorje la Virgen ha asegurado que ha venido a completar sus apariciones de Fátima. Dice Mirjana: "Ella dijo que aquello que empezó en Fátima lo va a terminar en Medjugorje, que su corazón va a triunfar". Por eso nos llama y nos invita a todos a consagrarnos a Ella, a abandonarnos en sus manos, a soltar todas nuestras preocupaciones en su regazo maternal. [14]

La Virgen te invita a ti a vivir una relación de especial intimidad, día tras día, con Ella. ¿Cómo? Viviendo sus mensajes y consagrándote a Ella de una forma especial:

–*Conságrense al Corazón Inmaculado. Entréguense completamente. Yo los protegeré, rezaré al Espíritu Santo (2-8-1983)*

–*Hoy estoy muy feliz porque muchos de ustedes desean consagrarse a Mí. ¡Les doy las gracias! No se han equivocado. Mi Hijo Jesucristo desea concederles, a través mío, gracias particulares (17-5-1984)*

–*Quiero que sus vidas estén ligadas a Mí (25-7-1993)*

–*Protejo especialmente a los que se han consagrado a Mí (31-8-1982)*

El objetivo final de la Virgen al pedirnos que nos consagremos a Ella es llevarnos a su Hijo Jesucristo. Dice el vidente Jakov: "La Virgen desea guiarnos hacia la última meta, que es Jesucristo"

–*Permitidme, hijos míos, mostraros el verdadero camino, el camino que conduce a la vida: mi Hijo (2-7-2006)*

–*Hijos míos, ¿por qué no me entregáis completamente vuestros corazones? Solo deseo poner en ellos paz y salvación: poner a mi Hijo (2-1-2009)*

–*Deseo guiaros a todos a mi Hijo y a vuestro Salvador. No sois conscientes de que sin Él no tenéis alegría, ni paz, ni futuro, ni vida eterna (25-7-2010)*

–*Hijos míos, como Madre les digo que ya es hora de que se arrodillen ante mi Hijo, que lo reconozcan como su Dios, el centro de su vida. Ofrézcanle dones, lo que Él más ama es el amor al prójimo, la misericordia y un corazón puro (2-9-2019)*

---

[14] La Santísima Virgen María en Medjugorje se entrega tanto a nosotros que confió a la vidente Vicka la tarea de escribir su vida. La misma Virgen le iba contando los sucesos. "La Virgen me dictaba y yo solo escribía lo que Ella me dictaba" dice Vicka. Este proceso terminó hace tiempo. Vicka tiene preparados tres cuadernos completos. Nos dice: "Se trata de la biografía completa de la Virgen, desde Su nacimiento hasta Su Asunción... No hay contradicciones en absoluto con la doctrina de la Iglesia... sólo espero el momento en que Ella me ordene publicar lo que ha sido escrito". Preguntada si habrá detalles desconocidos de la vida de la Virgen en dicho escrito Vicka dijo: "Habrá muchos".

Todo lo que la Virgen está haciendo en Medjugorje tiene un único sentido: llevar a la humanidad hacia la salvación de Jesús. Cuando le preguntaron a Mirjana cuándo estaba más feliz la Virgen, respondió: "Está lo más contenta cuando habla de Jesús". ¿Queremos que la Santísima Virgen María entre en nuestra vida? ¿Desearemos vivir nuestra fe de una manera más plena cogidos a su mano maternal? ¿Estaremos dispuestos a entregarnos a sus planes y permitir que Ella cambie nuestra vida? Los que se arriesgan y se consagran a María pronto descubren que es lo mejor que podían haber hecho jamás. ¿Querremos probarlo nosotros?

(Para conocer una posible manera de consagrarse a la Virgen consultar www.consagracionalavirgen.com)

EJEMPLO
Veinticuatro horas para la Virgen

En cierta ocasión una religiosa que vive en Medjugorje, meditando sobre las apariciones diarias de la Virgen (a las 18,40) pensó: "Mañana vas a venir a esa hora, así que tengo veinticuatro horas para prepararte un regalo y agradecerte por tantas visitas que nos haces". ¿Qué regalo? Tras pensar un rato se le ocurrió una cosa: vigilarse sobre un pequeño defecto que tenía desde los catorce años y que consistía en morderse el labio, a veces hasta sangrar. Era un "tic" que no podía evitar, a pesar de que un dermatólogo le había advertido que aquello podía provocar un cáncer. Le hizo, pues, la siguiente promesa a la Virgen:

–Durante 24 horas, haré un esfuerzo sobrehumano; no me morderé el labio, pero, por favor, ¡ayúdame!

Al día siguiente la religiosa vio que había funcionado. Había evitado todos los deseos de morderse el labio y podía ofrecerle este regalo a la Virgen. Tuvo entonces la idea de volver a ofrecerle, para el día siguiente, el mismo regalo. Otras 24 horas sin morderse el labio. ¡Y volvió a conseguirlo! Así lo hizo durante una semana. ¿Qué ocurrió entonces? Después de esos siete días el "tic" había desaparecido. ¡Era cosa del pasado! La Virgen había sanado su sistema nervioso.

La religiosa contó a muchos peregrinos su experiencia. Desde entonces mucha gente ha empezado a hacer esas veinticuatro horas consagradas a la Virgen. Los regalos ofrecidos han sido variados: ¿qué puedo vencer en mí? Si soy un esclavo del cigarrillo, del alcohol, de imágenes pornográficas... ¡puedo renunciar a esto por 24 horas! Si le pego a mi mujer, ¡puedo dejar de hacerlo por 24 horas! Los resultados, en la gran mayoría de los casos, han sido extraordinarios: ¡cuántas esclavitudes y vicios han sido dejados y abandonados gracias a esta sencilla práctica! Y es que cuando permitimos a la Virgen entrar en nuestra vida y nos fiamos de Ella puede pasar de todo. Los videntes han asegurado varias veces que todos los que abran sus vidas a María y vivan los mensajes, aunque no vayan a Medjugorje, recibirán de Ella muchísimas gracias, especialmente a la hora de la aparición. Porque Ella ha venido, como siempre, de parte de Dios, para ayudarnos y ser nuestro consuelo y auxilio.

ACLARACIÓN SOBRE LAS 5 PIEDRECITAS DE MEDJUGORJE

Es frecuente leer en libros que tratan de Medjugorje que todo el mensaje de la Virgen se resume en cinco piedrecitas. Incluso los guías oficiales de la parroquia de Medjugorje explican el mensaje de la Virgen aludiendo a ellas.

Las cinco piedrecitas son:

1.-La oración del Rosario con el corazón

2.-La Santa Misa

3.-La Biblia

4.-El ayuno

5.-La Confesión mensual

Hay que aclarar que la Virgen no habló en sus mensajes de estas cinco piedrecitas nombrándolas así. ¿De dónde salieron? Fue una magnífica catequesis ideada por el Padre Jozo para resumir todo el mensaje de Medjugorje en cinco cosas fáciles de recordar. Realmente en estas cinco piedrecitas (aludiendo así a las cinco piedras que David cogió para ir a luchar contra el gigante Goliat) encontramos un buen resumen de las prácticas fundamentales pedidas por la Virgen para enfrentar nuestra lucha contra el pecado y el demonio. Así, con cosas pequeñas, humildes y sencillas, podemos enfrentarnos al mal confiando únicamente en el poder de Dios.

No obstante, como hemos visto ampliamente en las páginas anteriores, el mensaje de la Virgen en Medjugorje es más amplio y abarca más aspectos.

Lo que siempre tenemos que tener en cuenta es que la Virgen nos pide que todo sea hecho "con el corazón" (la oración del corazón, el ayuno con el corazón, la Santa Misa vivida desde el corazón...) es decir: que todo lo hagamos por amor. Que nuestra vida cristiana no sea un simple cumplir cosas, por costumbre o rutina, sino que todo se haga por amor a Dios. Que la oración, el ayuno, la Santa Misa, la Confesión... sean la oportunidad de encontrarnos en una relación de amor con Aquel que nos ha creado y nos invita a la comunión con Él y la vida eterna.

MÁS TESTIMONIOS

Los ojos azules de Verónica

Margate, Sudáfrica, 9 de agosto de 1998

Verónica no logra dormir. ¿Esa extraña llama que consume su corazón la tendrá en vela hasta el amanecer? Por suerte Alex, su marido, parece estar bien sumido en un sueño reparador. Espontáneamente, Verónica comienza a rezar: o más bien "a hablar con Jesús", pues, en su simplicidad, sólo conoce las plegarias que surgen de su corazón. Aun cuando recita el Padrenuestro, ¡parece que acaba de inventarlo por la intensidad que le imprime!

Todavía sigue siendo de noche cuando Verónica decide levantarse y sentarse en el salón, en ese sillón frente al crucifijo. Allí, da libre curso a su corazón. Le ofrece cada alegría y cada lágrima a Jesús, único testigo de su vida anterior. Verónica ama a Jesús más allá de toda descripción. Su mayor alegría consiste en confiarle sus asuntos cotidianos, hablarle de sus allegados, de la problemática de los unos y los otros, y luego preguntarle: "Jesús, ¿qué piensas de esto? ¿En qué puedo ayudarte?". Verónica no lleva cuenta del tiempo. ¿Desde qué hora está orando? Repentinamente, la embarga una sensación inhabitual. Su rostro se torna ardiente, una luz, cada vez más fuerte, la encandila… ¿Qué está ocurriendo?

Verónica nació en Sudáfrica, en el seno de una familia de ocho niños dotada de una fe católica muy ferviente y estricta. Todos en su casa asistían diariamente a misa por la mañana, y a las vísperas por la tarde, además de rezar el rosario en familia. Les gustaba también participar el domingo de las misas africanas, en las que el tiempo parece detenerse ante la belleza de los cantos. Esa piedad formaba parte integrante de su vida, como puede serlo el comer, dormir o trabajar. Sin embargo, desde el momento de su nacimiento, una cruz aguardaba a la pequeña Verónica: un desprendimiento de retina que afectaba a ambos ojos y la volvía prácticamente ciega. Durante su infancia, perdió toda visión de su ojo izquierdo, y sólo podía distinguir el mundo exterior a través de una especie de velo gris oscuro con su ojo derecho. A partir de 1977, su ceguera fue total. ¡Pero qué belleza la de su rostro!

En 1956 Verónica se casa con Alex, director financiero de una gran empresa de indumentaria, y da a luz a cuatro hijos. ¿Alex? ¡Un ángel caído del cielo! Colocado por Dios al lado de Verónica para cuidar de ella, cual preciado tesoro. Pertenece a esa raza de maridos que saben prodigar a su esposa un tierno y apacible amor que extrae del corazón de Dios.

Aquella noche, entonces, una luz incandescente viene a visitar a nuestra cieguita. Después de un momento de temor en el cual su corazón parecía que iba a salírsele del pecho, Verónica se da cuenta de que un hombre está allí frente a ella, y de que ese es Jesús. ¿Se trata de una aparición real o de una visión? ¡Poco importa! Es Jesús, bien visible, inmerso en una luz de tal intensidad que Verónica sólo está consciente de su presencia. Con las manos extendidas hacia ella, Jesús le dice:

–¡Ven, levántate y ora conmigo!

Entonces Jesús le muestra un pueblecito rodeado de colinas. Verónica no comprende nada. Ve una Iglesia, con dos torres terminadas ambas con una cruz, tres ventanas en arcadas. También ve el interior del templo y observa que el segundo vitral de la derecha representa a la Virgen de la Anunciación. Con Alex, poco antes de quedarse completamente ciega, había viajado a Israel, a Lourdes, a Fátima…., pero esa iglesia no la recuerda en absoluto. Tampoco recuerda el pueblo.

–Jesús, ¡no conozco ese lugar!

Y Jesús la mira sonriéndole y le dice:

–¡Medjugorje! ¡Allí voy a darte la luz y a indicarte el camino!

Luego, Jesús desaparece.

Verónica está desconcertada; vuelve a sentarse en su sillón. De nuevo la oscuridad se hace total. Intenta comprender qué pudo haberle ocurrido. Alex se le acerca, y la encuentra bañada en lágrimas. ¡Lágrimas de alegría! Le pregunta qué le pasa y recibe la sorprendente noticia:

–Mira, Alex. Jesús vino hablarme, dijo que debíamos ir a Medjugorje, caminar con él y orar. Me dijo que allí "me daría la luz y me mostraría el camino".

–¿Qué?¿Medjugorje?

Alex se lo hace repetir tres veces. ¡Qué nombre más raro!... ¿Y dónde quedará eso? Verónica se lo describe en forma tan precisa que Alex toma un lápiz y dibuja el pueblo y la iglesia. Los días siguientes transcurren al acecho de toda agencia de viaje. ¡Pero ninguna de ellas da en la tecla! Ese nombre sigue siendo un enigma y ¡nadie tiene la menor idea de la existencia de ese lugar, menos aún del país al que pertenece! ¡El nombre no figura en ningún mapa, en ningún circuito turístico!... Alex va de fracaso en fracaso. Pero dos semanas más tarde, un amigo los llama por teléfono, muy entusiasmado:

–Acabo de volver de una peregrinación fantástica a un pueblecito de Bosnia Herzegovina donde la Virgen se aparece a unos jóvenes. ¡No os lo podéis perder, tenéis que ir allá, es absolutamente fabuloso! El lugar se llama Medjugorje.

–¡¿Medjugorje?!

El amigo les explica cómo obtener los visados y, después de un cúmulo de dificultades administrativas, Alex y Verónica finalmente se suben al avión. Sólo tienen un radar que los dirige: hacer lo que Jesús le ha mostrado a Verónica.

Una vez en Medjugorje, nuestros amigos alquilan un coche y exploran el pueblo. Alex está más bien callado, pero de repente exclama:

–Verónica, es aquí, ¡llegamos! ¡La iglesia, con las dos torres, la gran montaña y la cruz en la cumbre! Tengo la impresión de conocer este pueblo, ¡todo exactamente como tú me lo has descrito!

Dentro del coche, ambos parecen dos niños exaltados. Alex le describe minuciosamente el pueblo a Verónica, que deja que cada detalle penetre profundamente en su interior –cada confirmación de su visión– como un beso de Jesús sobre su corazón. ¡Su querido Jesús no la había engañado! Durante dos días, tomada del brazo de su marido, Verónica recorre Medjugorje y participa de todas las actividades propuestas por la parroquia. El matrimonio se hospeda en casa de Mira Ostojic y escucha agradecido los testimonios de esta familia que pone todo su empeño y corazón en vivir los mensajes de la Gospa (así se dice "Nuestra Señora" en croato).

Al tercer día, Mira los conduce a la casa de Vicka que hablará a peregrinos de diversos idiomas. Alex intenta proteger a Verónica de la multitud que se apretuja alrededor de la escalerita donde Vicka se ubicará para hablar. Pero ambos han quedado como atrapados, incapaces de realizar el menor movimiento a derecha o a izquierda. Cuando Vicka llega y comienza a orar, todos tienen los ojos fijos en ella, y los más bajos de estatura se ponen de puntillas para verla mejor.

Alex le murmura al oído a Verónica una somera descripción de la escena, pero de repente se detiene, sorprendido por lo que observa:

–Verónica, ¡Vicka te está mirando! ¡Te está sonriendo!

–¿Me sonríe? ¡Oh, si tan sólo yo pudiera verla!

Lo más sorprendente, considerando las aproximadamente 500 personas presentes aquel día, es que Vicka no cesa de sonreír a Verónica.

–Ahora está bajando las escaleras… te está mirando… ¡se dirige hacia ti!

–¡Oh, Alex, si tan sólo pudiera verla yo también, sería tan hermoso!, -repite Verónica.

De repente, siente que una mano se posa sobre sus ojos. Inmovilizada en su lugar por la sorpresa, se hace toda oídos, pues escucha en esa lengua extranjera, una voz que ora, esa misma voz que hablaba hace algunos instantes… ¡Es Vicka! Vicka que viene a orar por ella, ¡por sus hermosos ojos azules ciegos! Toda la gente permanece en suspenso a la espera de lo que pueda ocurrir. Después de un largo momento de oración, Vicka retira su mano y Verónica siente que su ojo derecho recobra vida…

–¡Veo! –exclama maravillada Verónica.

¿Estará soñando? Pero no, ¡todo esto es bien real!

El primer objeto de su visión recuperada es el rostro de Vicka. ¡Qué maravillosa sonrisa lo ilumina! Pero esta visión dura muy poco porque Vicka la estrecha en un abrazo; lo hace con tanta ternura que Verónica toca el Cielo con las manos, experimentado en cierta medida un poco del corazón de María que se derrama a través de su pequeña sierva. Alex llora de alegría…

¡Verónica ha recuperado la vista! La noticia se propaga como el incendio de un bosque en vendaval en pleno verano. Después de la misa, el padre Slavko le pide a Verónica que recite el *Magnificat* ante la iglesia repleta. ¡Cuánta razón tiene el padre: Verónica se ha convertido en un *magníficat* viviente que no deja de dar las gracias a Dios por haberle permitido volver a ver! ¡Jamás había esperado esta curación!

Pero Jesús nunca permite una curación física sin tocar también todo el ser de alguna manera, pues todos sus regalos están orientados hacia la mayor sanación que pueda existir: la del alma que perdura por toda la eternidad.

Verónica no deja de repasar en su corazón la palabra recibida aquella noche en Margate: "Allí, te daré la luz y te mostraré el camino". ¿El camino?

Después del episodio de los ojos, un camino se abre para Alex y Verónica. Espontáneamente la pareja se pone a trabajar para ir al encuentro de todos los corazones que, en Sudáfrica, no conocen aún el amor de Dios. Sin ninguna formación apostólica previa, con los medios a su alcance y a veces a costa de largas veladas, Alex y Verónica se entregan en cuerpo y alma para dar a conocer a los demás aquello que les ha cambiado la vida. Gracias a ellos, los mensajes de Medjugorje han llegado a miles de hogares, salvando vidas reanimando la fe vacilante o muerta de muchos, trayendo esperanza y ¡sembrando abundantemente la alegría!

El sol nunca se acuesta sin que Verónica tenga alguna anécdota para contar. "El Señor hizo esto o aquello, para tal o cual persona, en tal situación"... Esto es "estar en conexión directa al Cielo". ¿Ve que un sacerdote se comporta con ligereza? Lo adopta automáticamente como hijo espiritual, y no parará de implorar a Dios y a todos los santos hasta que ese sacerdote se quiebre, llore sus pecados y vuelva a reiniciar su marcha con el pie derecho. ¿Ve a un joven con depresión, en la droga o en la perversión? El Señor le sopla la causa de su mal. Este se convierte entonces en su hijo al que lleva en sus entrañas con ternura. Ella ora como Moisés en la montaña o como esos profetas que importunaban constantemente a Dios. Luego se las arregla para tener un breve intercambio con ese joven y ¡el joven vuelve a revivir! Verónica sabe cómo ganarse a Dios por los sentimientos, ¡este es su secreto!

Los ojos de Verónica se asemejan a dos aguamarinas, de un azul aún más puro que el Mediterráneo bajo el sol del verano. ¿Por qué Jesús la ha curado del ojo derecho? ¡Sin duda alguna, por misericordia! Un día Verónica me confió que en cierto sentido, prefería ser no-vidente antes que vidente, ¡pues ver puede ser tal distracción para el corazón! Y además ¡hay tantas cosas feas hoy en día! Jesús lo tuvo en cuenta: se guardó el ojo ciego para él solito, para que Verónica lo contemple desde el interior y saque su fuerza de él; le ha restablecido la visión del otro ojo para que pueda ir al encuentro de la miseria del mundo y aplicar sobre ella la belleza de Dios.

Una confesión memorable

Mary Elizabeth, de cuarenta y cinco años, profesora de nivel secundario en Estados Unidos, da aquí testimonio de que nada es imposible para quien abre su corazón a Dios en la oración y se deja conducir por el Espíritu Santo:

"En 1990, para ir en peregrinación a Medjugorje, necesitaba el aval de mi marido: debía entrar en un país comunista del otro lado del Atlántico, y para ello reunir el dinero necesario cuando no nos sobraba, además de encontrar una niñera para los niños. Pero la llamada era demasiado fuerte: yo tenía que ir. Mi marido aceptó ocuparse de los niños. Me preguntaba con qué iba a encontrarme allí, pero pensaba que me daría un agradable descanso en medio de las atenciones a cuatro niños pequeños. Durante largo tiempo he pensado que era una mala madre, porque necesitaba de vez en cuando descansar para retomar fuerzas. Sabía que este viaje me ayudaría a tener una mejor perspectiva sobre mi familia, mis actividades, nuestro porvenir…

Hacia la mitad de mi estancia, le entregué al sacerdote mi típica lista de pecados y pasé por el "temido" sacramento de la confesión. La última tarde, frustrada por no comprender ni media palabra de las homilías en croata, llevé a la iglesia un libro de homilías en inglés. Apenas había abierto el libro, caí sobre una homilía que me habló al corazón. Comprendí que Dios me estaba llamando a que fuera a confesarme nuevamente, pues aún debía poner orden en algo que me impedía tener una relación más estrecha con Él.

A la salida de la iglesia, no se oía ruido alguno. La negrura del cielo hacía aún más fría la temperatura, y la explanada desierta más desolada. Extrañada, comprobé que en la hilera de las `cajas de confesión´, como las llamo, había dos luces encendidas. Quería dirigirme hacia mi pensión, pero sentí que Dios me impulsaba hacia los confesionarios. No quería ir para allá, pero llegué a un acuerdo conmigo misma: si una de las luces era para angloparlantes, me confesaría. La primera indicaba: *Polaco.* ´¡Me libré!´, pensé para mí, pero la segunda decía: *Inglés*. Respiré profundamente y abrí la puerta.

Cuando me arrodillé, el sacerdote me colocó un crucifijo entre las manos. Comencé a hablar. El padre parecía saber por qué estaba allí, y un velo se disipó. La contracepción, ese era el tema que debía mirar de frente. Como muchos otros católicos, mi marido y yo habíamos practicado la anticoncepción. No comprendíamos por qué la Iglesia impartía su enseñanza al respecto y no la teníamos en cuenta. Éramos adultos instruidos y responsables. Nuestra actitud era por cierto muy arrogante. Pero, por el poder del Espíritu Santo, comprendí que mi marido y yo habíamos dejado a Dios totalmente fuera de este elemento de nuestro matrimonio. Se suponía que nuestra unión estaba basada sobre el sacramento del matrimonio, y sin embargo, nos dábamos el uno al otro en todo, excepto en aquello que podía dar vida. Nuestra relación era semejante a una cuerda compuesta por tres hebras (cada uno de nosotros dos y Dios), siendo Dios la hebra que mantenía el sacramento del matrimonio. Al excluir a Dios de nuestra unión, ésta estaba incompleta y peligraba con deshacerse. Mi corazón cambió entonces por completo y sabía que mi vida cambiaría igualmente. Dios no decía que teníamos que tener más hijos, pues ya teníamos cuatro y me era a veces difícil criarlos, sino que debíamos abrirnos a Él en nuestra unión.

¿Cuánto tiempo habré pasado en el confesionario? Lo ignoro, pero cuando me fui, comprendí que Dios iba a pedirme que hiciera ciertas cosas que ni siquiera hubiera imaginado anteriormente. En el viaje de regreso, tenía la impresión que había llegado a entrever el Cielo. Ya en casa, tuve que explicarle a mi marido nuestro cambio de planes. Temía un poco su reacción, en vista de nuestros apuros económicos. Cuando le expliqué todo lo que me había ocurrido y cómo estábamos llamados a abrirnos verdaderamente a Dios en nuestro matrimonio, estuvo enteramente de acuerdo. Por supuesto, teníamos que ponernos a aprender mucho sobre el tema, y lo hicimos.

Tenemos ahora veintitrés años de casados y después de aquella peregrinación de 1990 tuvimos otros cuatro niños. Aunque hayamos debido realizar muchos esfuerzos, reconozco que el plan de bendición de Dios sobre nuestra familia era más grande de lo que podía imaginar. Cuando los nidos de nuestros amigos comienzan a vaciarse, tenemos siempre la casa llena. A veces también yo tengo sed de soledad, pero la alegría que los chicos traen, aún en medio del bullicio, de la confusión y de las responsabilidades, es verdaderamente un regalo de Dios. Hemos sido generosos con Dios, y a cambio vimos que Dios no se deja ganar en generosidad. Cada vez que tuvimos una nueva boca que alimentar, Dios ha provisto de manera inimaginable. Por supuesto, debemos ser buenos administradores de los regalos recibidos, pero nunca nos ha faltado nada y hemos sido bendecidos al ciento por uno.

Me consumía una inmensa sed de aprender cuando regresé de Medjugorje, y mi marido se unió en esta búsqueda de alimento verdadero. Hoy en día, soy madre de ocho maravillosos hijos de veintiún a cuatro años de edad, algunos de los cuales espero que sean llamados al sacerdocio o a la vida religiosa. Enseño teología (y no más contabilidad) a adolescentes que tienen ansias de conocer a Dios, y esto me apasiona. Ardo en deseos de compartir el Evangelio con quien quiera escucharme. También yo tengo mi combate; soy pecadora, y tengo gran necesidad de mi Redentor. Sin embargo, sé que lo puedo todo en Cristo que vive en mí".

(Para conocer la sexualidad según el plan de Dios para el matrimonio puede leerse mi libro: *Casarse en el Señor*)

¿El bar o la Iglesia?

Dublín, 1998.

Lynn ha llegado al límite de lo imposible, y ya no da más. Su matrimonio se deshace desde hace años, su marido bebe y ella sufre un martirio. Lo ha intentado todo, pero en vano. Al parecer, la situación ya no tiene solución. Ella no deja de pedir a la Virgen que este drama termine, pero nada cambia. ¡Lynn se quiebra!

Una tarde, una amiga viene de improviso a su casa, y le dice:

–Lynn, ve a Medjugorje con Leo; verás que la Santísima Virgen hará algo por vosotros, ¡es un lugar de gracias increíbles!

Una chispa de esperanza nace entonces en el corazón de Lynn, que decide ir a Medjugorje, aunque este viaje le coma los pocos ahorros que le quedan. Habla del tema con Leo, pero recibe un rechazo categórico de parte suya. De hecho, él está completamente cerrado: ¿por qué iría hasta allá, cuando prefiere, de lejos, los bares a las iglesias? Lynn está determinada a no ir sin él. Se le ocurre la idea de proponerle un *trato* algo inesperado:

–Mira Leo, ¡vayamos juntos! Yo iré a la iglesia y tú a los bares... ¡los bares de Medjugorje!

Lynn logra convencerlo, ¡y emprenden viaje! En Medjugorje, ella le suplica a la Gospa que algún día su marido vaya con ella a la iglesia, como creyente.

La noche del tercer día, muy tarde, Leo sale de un bar y comienza a deambular, perdido en Medjugorje. No hay un alma en las calles a aquellas horas de la noche. Nadie que pueda ayudarlo o ubicarse... ¡Sí! ¡Allí hay un hombre que va y viene; parece estar esperando a alguien!

–¡Oiga! ¡Estoy perdido! ¿Qué es este lugar?

–¿Aquí? Pues, mire, ¡son los confesionarios!

–¿Los confesionarios? Y usted, ¿qué hace usted aquí?

–Soy sacerdote. ¡Un sacerdote al lado de un confesionario es normal!, ¿no?

–Ehhh... ¡Sí! Bueno... ¿quizá sea signo de que me tengo que confesar? –Leo no se había confesado desde que era pequeño–.

La confesión se hizo con lo que se tenía al alcance de la mano, y la sangre de Cristo se derramó sobre el alma muy valiosa de ese hombre pobre, consciente de su pobreza.

En 2001, tres años más tarde, la pareja volvió a Medjugorje para dar gracias: en efecto, desde aquella absolución nocturna... ¡Leo no ha bebido una sola gota de alcohol!

Querida Gospa, ¡sigue apareciéndote aún por mucho tiempo! Tú lo dijiste: *A cada una de mis venidas, extiendo cada vez más el reino de mi Corazón Inmaculado en los corazones, y Satanás pierde un poco más de poder.*

¿Cuántos Leo te quedan por ayudar? ¡Te pedimos que te aparezcas hasta que tu Corazón Inmaculado haya triunfado!

El bien de la consagración a María

Alrededores de Palermo, 27 de octubre de 2001.

Una inmensa multitud de veinte mil personas se reúne para una celebración excepcional. La vidente Marija Pavlovic-Lunetti ha sido invitada, así como el Presidente y Gobernador de Sicilia, Salvatore Cuffaro, elegido (por sufragio universal) pocos meses antes, y que debe presidir el evento. (¡Bravo, sicilianos! ¡Vosotros habéis elegido a un gobernador cristiano, formado por los salesianos, en la escuela de *María, auxilio de los cristianos!*) El encuentro había sido preparado con gran esmero por los grupos de oración de la *Reina de la Paz*: en efecto, como preparación a ese gran día miles de sicilianos habían hecho una novena de oración y ayuno, y habían participado en una catequesis. El gobernador Salvatore encomendó toda la isla al Corazón Inmaculado de María. Durante el Acto de Consagración, la multitud prorrumpía en aplausos tan cerrados que, en cuatro oportunidades, el presidente tuvo que interrumpir su lectura.

¡Dieciséis años de asistencia frecuente de grupos de italianos a Medjugorje me hacen imaginar fácilmente la escena! Muchos lloraban.

Después de la consagración, Marija recibió la aparición de la Virgen como de costumbre, veinte minutos antes de la Santa Misa. Durante la aparición, la Virgen se mostró muy feliz; agradeció a la asamblea y dio el siguiente mensaje: *No lamentaréis lo que habéis hecho, ¡ni vosotros, ni vuestros hijos, ni los hijos de vuestros hijos!*. Cuando se iba bendijo a toda la asamblea trazando la señal de la cruz.

Para expresar su agradecimiento a la Virgen, el presidente Salvatore Cuffaro fue en peregrinación a Medjugorje en la primavera siguiente.

Desde entonces, todos los años en el mes de octubre se congrega una multitudinaria cantidad de fieles para la renovación del Acto de Consagración.

Entre el cúmulo de gracias recibidas, un acontecimiento sorprendente sucedió en Sicilia. Quiero simplemente relatar aquí los hechos, y cada uno podrá extraer sus propias conclusiones. Cetina, una mujer de cincuenta y cuatro años, madre de cuatro hijos, posee el carisma de profecía desde su infancia. Como detalle precisemos que tiene como director espiritual al padre Matteo Lagrua, reconocida personalidad dentro de la Iglesia, que también dirige espiritualmente a dos cardenales. El 5 de septiembre de 2002, hacia la medianoche, mientras rezaba el rosario, Cetina tuvo la visión de una isla en la cual había una ciudad y un gran dedo apuntaba en dirección a la ciudad. Vio también a la Virgen vestida de blanco, que miraba el dedo y lo empujaba hacia el mar para que no señalara más a la ciudad. Al día siguiente, 6 de septiembre, ocurrió un terrible movimiento sísmico, con epicentro en el mar, precisamente a la altura de Palermo. La ciudad casi no tembló. El maremoto fue tan fuerte que, si se hubiera producido en la ciudad, ésta hubiera sido completamente destruida (5,6 en la escala de Richter). El padre Matteo dijo que Jesús se había apiadado de Sicilia y que la ciudad había sido salvada gracias a la intercesión de María. El presidente Cuffaro declaró en el noticiero de la famosa cadena nacional RAI 3: "Agradecemos a la Virgen haber salvado a Sicilia del terremoto". Su declaración fue también difundida por *Radio María* en toda Italia.

Preguntas privadas para la Virgen

El siguiente testimonio es de Sor Emmanuel Maillard, monja que trabaja difundiendo los mensajes de la Virgen. Ella misma lo cuenta: "El auto está más que repleto y nos dirigimos lentamente hacia la carpa verde del *Cenacolo,* en Medjugorje. En menos de una hora, la Virgen se aparecerá a Mirjana Soldo y, como cada mes el día 2, oraremos con ella por todos los que no conocen aún el amor de Dios. Entre los jóvenes americanos comprometidos en el asiento de atrás se encuentra Eleonora, de veinticinco años, corazón sensible, espíritu hiperbrillante, hermosa, pero ya cruelmente alcanzada por el materialismo encapsulado que reina en Estados Unidos. Todavía no ha podido desarrollar todo su potencial, y la sed de dimensiones más profundas y de horizontes más vastos ya la consume secretamente. Ella comienza su tercera semana en

Medjugorje, en nuestra casa, y la tristeza de los primeros días ha dejado el lugar a una cierta paz interior. Paciencia, las maduraciones divinas toman su tiempo...

Bordeamos la colina Podbrdo y tomamos el recodo que nos lleva a Bijakovici. A pesar de la hora matinal, el sol de julio ya pega fuerte. Cada uno guarda un recogido silencio.

−¿Sabéis?, mañana se casa mi amiga Dina −anuncia de improviso Eleonora−. Se casa con una chica...; ya hace años que viven juntas...

−¿!Se casa con una chica!? −exclaman algunos estupefactos.

−Es cosa de ella. Yo no lo haría, pero esa es su elección. Es libre de tomarlas... Por mi parte, honro su elección.

−¿Honras su elección? −le pregunté.

−Sí...

Estamos bien... En dos minutos tendré que estacionar el auto y hete aquí la bomba que estalla en el último momento. Intento torpemente preguntar:

−¿Cómo puedes honrar su elección cuando sabes por la Biblia que Dios nos ha creado "varón y mujer" y que la homosexualidad no está en su plan para la humanidad?

−Sabes, la Biblia, depende de cómo la leas... ¡hay que saber qué tomar y qué dejar de ella!

Vamos de mal en peor... Me quedan 30 segundos para intentar una mejor puerta de salida, pues no puedo dejar que esos jóvenes se dispersen entre la muchedumbre del *Cenacolo* con esa enormidad sobre el estómago.

−Mira.... Hablaremos de la Biblia más tarde, pero mientras tanto, tengo una idea: pronto aparecerá la Virgen, estará en medio nuestro durante algunos minutos. Aun cuando nuestros ojos no la vean, podemos hablarle de todas formas. Podemos decirle todo lo que queramos; ella es nuestra madre. ¿Entonces, por qué no le preguntas simplemente sobre esto, Eleonora? Por ejemplo, por qué no le dices: "¿Y tú, María, honrarías esa elección, ese tipo de casamiento?" Verás, te responderá en tu corazón.

−Ok, ¡buena idea!

Estacionados el auto, nos abrimos camino entre la muchedumbre abigarrada que espera a su Madre al compás de los "Avemarías", acogemos la venida de la Virgen, y volvemos a casa. Silencio... Eleonora permanece pensativa y no evoca más la cuestión. Pero al día siguiente, se abre con una de nosotras:

−Sabes, ayer, ¡la Virgen me respondió! Está claro...

−¿Cómo eso? ¿Está claro?

−Está claro que la homosexualidad no es correcta. ¡No es para nada buena!

−¿Cómo te habló la Virgen?

−¡No lo sé! No vi nada, no oí nada, pero cuando salí de la carpa verde, era una evidencia impresa en mi mente. ¡Una evidencia clara como el agua!

Hoy en día, Eleonora ocupa un cargo importante en los medios políticos donde se codea con lo mejor y lo peor. Ha profundizado en su vida de oración y se esfuerza por conformar su mirada con la de Cristo a quien recibe casi diariamente en la Eucaristía.

Sus parámetros de juicio, sus conceptos y sus convicciones han cambiado radicalmente. La paz que inunda su rostro es como un faro en medio de mares agitados de la "intelligentsia" americana. Eleonora ha aprendido a escuchar. Después del episodio del matrimonio gay, es verdad, cuando Eleonora tiene una cuestión de fondo, ¡sabe a quién dirigirse!

(Para conocer la sexualidad según el plan de Dios puede leerse mi libro: *Glorificad a Dios con vuestro cuerpo*)

Una caridad que se desborda

El Evangelio siempre nos lleva a una profunda caridad hacia los demás que se traduce en obras de misericordia con los más necesitados. Son incontables las obras de caridad que han surgido en Medjugorje. Muchísimas personas han sentido allí el impulso de dedicar su vida y sus esfuerzos a socorrer a los más pobres y desfavorecidos.

De entre todas quisiera hablar de una que surgió allí mismo, en el pueblo, por iniciativa del padre Slavko Barbaric. Este sacerdote fue un franciscano que trabajó durante muchísimos años en la parroquia de Medjugorje. Dios le inspiró muchas iniciativas para canalizar los frutos espirituales de las apariciones. Suya fue la idea de crear un festival para jóvenes (el primero fue en 1989). Subía con frecuencia al monte de las apariciones y al Krizevac. De hecho murió subiendo éste último, justo antes de alcanzar la última estación del Vía Crucis. La Virgen anunció en la aparición del día siguiente que ya había nacido para el Cielo.

Eran los años 90. Como ya se sabe al principio de esta década una espantosa guerra devastó la antigua Yugoslavia. Entre otras terribles consecuencias muchos niños pequeños quedaron huérfanos. Padre Slavko estaba preocupado con esta situación.

Un día subió el Podbrdo específicamente para rezar por el asunto. ¿Cómo ayudar a los niños huérfanos? Mientras estaba allí un extranjero lo reconoció y se le acercó:

–Padre Slavko, ¿está usted construyendo algo en este momento?

–No. ¿Por qué lo pregunta?

–Porque quiero ayudarle.

Resultó que el hombre era muy rico y quería financiar algún proyecto que ayudara a consolar tanto sufrimiento por la guerra. Padre Slavko se puso manos a la obra. Contó con la ayuda de la vidente Mirjana como consejera. Ella cuenta: "Usando los mensajes de Nuestra Señora como esquema, concebimos un tipo distinto de orfanato: uno donde los niños se sintieran parte de una familia. En lugar de un edificio, sería más como una comunidad con muchas casas, una escuela y una capilla. En cada casa viviría un grupo de unos ocho niños, acompañados por una religiosa que sería como su madre y cuidadora. Nuestro objetivo era sencillo: proteger y ayudar a los niños, asegurarles un techo, comida y conocimiento. Desde el principio, el padre Slavko y yo decidimos no llamarlo orfanato porque no queríamos que los niños se sintieran como huérfanos. Después de todo, no lo eran: cada uno de ellos tenía una Madre. Decidimos llamarlo la

Aldea de la Madre porque estábamos seguros que Nuestra Señora estaría entre ellos cada día".

Necesitaríamos un libro entero para narrar todo el bien que Aldea de la Madre ha hecho a tantos niños huérfanos dándoles un hogar, una familia y un futuro. Y no sólo eso: después también atendió a mujeres maltratadas dándoles un refugio temporal, a muchachas embarazadas para ayudarlas a no abortar...

Hoy día también ha abierto un centro de rehabilitación de personas con adicciones y un programa para ayudar a los enfermos pobres a conseguir camas especiales, sillas de ruedas, artículos ortopédicos...

Laurence y la televisión

Laurence es una dinámica joven que vive en una gran metrópolis holandesa. Viene todos los años a Medjugorje y transita el camino del Señor... Vive sola y difunde profusamente los mensajes de la Virgen, y está siempre a sus órdenes para servirla. El testimonio que nos comparte aquí, puede inspirarnos y ayudarnos a hacer buen uso de nuestra libertad:

"Durante 15 años no miré televisión. Sin embargo, cuatro meses atrás decidí tomar un abono. Quería estar al tanto de las actualidades. Y ahora después de estos cuatro meses anulé mi suscripción, firmemente convencida de estar tomando la decisión correcta. ¿Por qué? Porque cuando miraba televisión por la noche, me sentía vacía. Aún cuando se tratara de un programa informativo que me ponía al tanto de las novedades a nivel mundial, para poder luego orar por esas intenciones, en mi caso, no funcionaba. Cada vez me ocurría lo mismo: después de haber mirado una hora de televisión, no podía rezar porque mi corazón estaba endurecido y algo en mí se había cortado de Dios, de mi fuente. Por lo tanto no podía rezar por esos acontecimientos porque mi espíritu estaba turbado. Me cuestionaba cuál sería la causa, hasta que encontré la respuesta: cuando miro la televisión, el espíritu del mundo se apodera de mi corazón. En el momento en que oprimo el botón de encendido, me conecto voluntariamente con el espíritu del mundo, le digo conscientemente que "sí". Luego este espíritu carcome en mí lo que me une a Dios y me siento cada vez más vacía.

Inmediatamente después de haber tomado la decisión de suprimir la televisión, la puse en obra cancelando mi abono al día siguiente. Al franquear la carta, sentí que una gran alegría inundaba mi corazón. Percibí la sensación de estar sumergida en luz y que el Cielo aprobaba mi decisión. Le dije entonces a María: "Esa hora que no voy a utilizar más para ver el informativo, la voy a emplear para rezar el rosario. Efectivamente a partir de ese día, rezo el rosario entero todas las noches, y ¡siento que es tiempo muy bien aprovechado! Estaba perdiendo mi tiempo y mi vida en el Espíritu mirando la tele. Al rezar el rosario, comencé a experimentar un gran deseo de ayunar. Me doy cuenta que cuando uno es consecuente en un aspecto, tiene fuerzas para crecer y poder ser consecuente otros también. El hecho de rezar el rosario todas las noches me ha dado la fuerza y el espacio necesario para ayunar a pan y agua como lo pide la Virgen.

No quiero generalizar, puedo tan sólo decir que esta fue mi manera personal de colocar a Dios en primer lugar en ese aspecto particular de mi vida. Discerní que era lo que el Señor me estaba pidiendo: que dejara de ver televisión, ¡al menos tal como está en la actualidad! Si se elige ver televisión, me parece que es necesario estar muy vigilantes para protegerse del Maligno, especialmente activo a través de determinadas emisiones."

Durante los años 80, la Virgen ha hablado sobre la televisión: no la ha prohibido, ni nos ha pedido deshacernos de nuestros televisores. Como buena madre, sabe muy bien que esto sería demasiado duro para algunos de sus hijos (¡aquellos que sufren de depresión o de soledad excesiva a veces sólo a través de la televisión pueden ver y escuchar otras personas!). Por otra parte, algunas emisiones son muy bellas, ¡es tarea nuestra que se multipliquen! Pero si nos pide que sepamos distanciarnos de ella y no dedicarle demasiado tiempo.

Calaveras en el monte de las apariciones

Valentina, de 29 años, es ucraniana. A primera vista pareciera ser una jovencita muy "normal". ¡Sin embargo, su historia está lejos de serlo! Nacida en un entorno ateo y signada por el férreo comunismo de aquellas regiones, creció en la pobreza material y el vacío espiritual. Cierto día, ella ganó una "green card", en una especie de lotería al estilo americano, y le fue dada la oportunidad de viajar a los Estados Unidos y de vivir allí. Tan sólo tenía 18 años y en Ucrania trabajaba como peinadora. En vista de las horribles condiciones en las que vivía, decidió partir. Al principio, todo fue muy duro para ella, ya que no hablaba ni media palabra de inglés. Su trabajo no colmaba su existencia y una horrible sensación de vacío la invadía. Se hacía a sí misma la pregunta que la Reina de la Paz hizo en una aparición: *Deténganse un momento a reflexionar sobre ustedes mismos y sobre la transitoriedad de esta vuestra vida terrena. Mediten luego acerca de la eternidad y sobre la eterna bienaventuranza. ¿Qué desean? ¿Por cuál camino quieren andar?* (2-7-2012)

En la oscuridad de su alma, ella no podía dejar de pensar que quizás existiera otra dimensión en la vida. Por ello hizo unas pocas tentativas de dirigirle algunas palabras al Padre celestial, que le era totalmente desconocido, y a quien su abuela ucraniana solía orar. "Si existes, si eres un padre, ¡demuéstramelo!" Por medio de esta plegaria ella recibió paz en su corazón. Despertó a la fe, y ésta fue creciendo día a día. Valentina se convirtió en una ferviente católica.

Un día conoció a unos peregrinos que volvían de Medjugorje. Sus testimonios provocaron en ella un profundo deseo de viajar ella también a esa tierra bendita. En el 2007 emprendió finalmente el viaje. Allí, la presencia de María se adueñó de tal modo de su corazón que se sintió fuertemente movida a concluir un "trato" con ella. Mientras rezaba su rosario ante la imagen del Cristo resucitado Valentina consagró su vida a una gran misión: la de orar por los jóvenes de su país y traerlos a Medjugorje. Por su lado, la Divina Providencia se encargaría de abrir las puertas y los corazones. ¡Finalmente había encontrado su vocación!

Valentina emprendió el regreso hacia su pensión, muy feliz, y en el camino se encuentró con un desconocido que le dijo a boca jarro: "Le pido disculpas si lo que estoy por decirle le parece ridículo, pero ¡debo decírselo! Siento que usted está llamada a traer jóvenes de su país aquí, a conducirlos a la Virgen. Por eso la he buscado para que usted sepa que deseo financiar esta misión". ¡Valentina no lo puede creer! ¡Ella apenas acababa de tomar el compromiso ante Jesús resucitado!

Regresó a su país natal para poner manos a la obra y organizar la primera peregrinación en el 2008. ¡Todos los jóvenes de su parroquia respondieron a su llamado! La pureza de su corazón, su juventud, su determinación, y sobre todo la unción del Espíritu Santo que reposa sobre ella, le abren los corazones. Ella le dedica mucho tiempo a la oración. Muy pronto, sintió especial predilección por los más pobres y Dios la introdujo en el ambiente médico donde encontró mucha miseria moral. Los enfermos están abandonados.

Con la ayuda de la Providencia empezó a crear hospicios donde los enfermos terminales pudieran recuperar su dignidad. La Madre Teresa de Calcuta le sirve de fuente de inspiración. También propuso a médicos ateos que fueran a Medjugorje. Es así como ella desembarcó allí un día de junio del 2011 con 50 peregrinos médicos, todos ateos. ¡Los médicos presentes son abortistas profesionales! Pero Valentina sabe que la Gospa invita a todos sus hijos, sin excepción, a cobijarse bajo su manto maternal.

Entre ellos se encontraba una ginecóloga, de unos sesenta años bien cumplidos. Con todo el grupo ella subió a la Colina de las Apariciones. Valentina ha preparado su plan infalible inspirado por la Virgen para todos sus peregrinos, ateos o no. Al llegar arriba, ¡todo el mundo se consagra al Corazón Inmaculado de María! La ginecóloga acató la propuesta. Esa misma noche en la pensión, ella reunió a todos sus colegas peregrinos porque quería compartir con ellos algo importante. Su garganta se le cierra, habla con dificultad; ella, la gran jefa de todos los servicios de su hospital...

"Apenas puse un pie sobre la colina –dijo– todo cambió ante mi vista. Las piedras desaparecieron. De repente la colina se cubrió de los huesos y calaveras de todos los niños que he abortado durante 40 años. Observen estas manos... ¡Estas son las manos que han matado a una ciudad entera!".

La médica lloró y en la sala los pañuelos aparecieron uno tras otro. Todos los abortistas presentes reflexionan en silencio. En su mayoría regresaron cambiados, convertidos, decididos a acabar con los abortos y a caminar hacia Dios.

Valentina continúa con su bella misión. A día de hoy ha llevado a 400 médicos abortistas. Ella no les hace pagar el viaje porque no quiere que dinero de sangre inocente tenga algo que ver en todo esto. ¿Cómo se las arregla? Cada viaje es un nuevo desafío, el dinero le cae del cielo en el momento en que debe pagar los pasajes de estos acaudalados médicos. Desde entonces, muchos hospitales han dejado de practicar el aborto y la eutanasia. Valentina persigue un propósito: el de "limpiar" a todos los hospitales de Ucrania de estas prácticas fatales y poner en su reemplazo la bendición de Dios. Devolver a los médicos y al cuerpo médico la dignidad de su profesión. Hoy en día, ¡tantas manos que han matado a inocentes han sido transformadas, porque el Cielo las utiliza para proteger la vida!

Una visión en el Krizevac le convirtió

La entrevista de Randall Sullivan a la vidente Mirjana no terminó bien. La vidente prácticamente lo echó de su casa. Él, ateo, famoso colaborador de la revista *Rolling Stone* durante más de veinte años, había ido a ver a la vidente para provocarla. En el fondo todo su viaje a Medjugorje tenía un único objetivo: desenmascarar lo que en su opinión no era sino una patraña.

Tras salir de casa de la vidente se dirigió al monte Krizevac, seguramente para distraerse. ¿Por que no subir aquel monte que con tanto fanatismo los peregrinos solían escalar?

Era un día de calor sofocante, al punto que nadie estaba lo suficientemente loco como para subir a la montaña por la tarde. Estaba solo.

Mientras subía quedó repentinamente envuelto por una extraña tormenta. La luminosidad de los rayos era tan intensa y cercana que podía sentir su calor.

Curiosamente, mientras la tormenta rugía oyó un sonido de voces que cantaban en francés. De hecho continuó subiendo la montaña dirigido por la hermosa canción.

Entonces se encontró con un grupo de monjas de rodillas en el barro en una estación del Vía Crucis (hay catorce estaciones de la cruz subiendo la montaña). Con las monjas arrodilladas, los truenos y los relámpagos continuaron en cascada rodeándolos a todos. Y entonces, de repente se sintió obligado a ponerse de rodillas y rezar por primera vez en su vida.

Después de unos momentos de oración continuó hasta la montaña con las monjas, parando con ellas para orar en cada estación de la cruz.

Y luego en la cima se sintió reconfortado por una mujer joven. No está seguro de que fuera una de las monjas. La joven puso un paño sobre los hombros de Randall y un sombrero sobre su cabeza. Tenía una gracia especial y le dio una inmensa sensación de paz. Imprevistamente él se encontró riendo en un alivio glorioso.

Todo el episodio: la tormenta, el canto de las monjas, sus primeras oraciones, fue abrumador.

Cerró los ojos para orar por un momento y después, al abrir los ojos de nuevo, descubrió que había salido el sol.

El cielo se había despejado: ni rastro de la tormenta, los rayos, la lluvia.. Las monjas y la joven no estaban por ningún lado. No podía creer que se hubieran ido sin que lo notara.

Bajó corriendo de la montaña y luego hacia arriba otra vez y hacia todos los costados en busca de las monjas y no fue capaz de encontrarlas. Fue a la ciudad y preguntó a todos los que pudo, a personas en los cafés y en la parte inferior de la montaña si habían visto algún grupo de monjas ese día. Nadie había visto a las monjas.

Pensó que podría haber alucinado pero rápidamente llegó a la conclusión que había visto lo que había visto y que negarlo sería alejarse de la mano de Dios.

Su vida dio un cambio radical. En Estados Unidos ha dado su testimonio de este impresionante suceso en el famoso programa de Oprah Winfrey. Puede buscarse por Internet.

Un caso de curación única en el mundo

Elena Artioli, de Bologna, Italia, tenía 16 años en 1998, cuando fue diagnosticada con malformación cerebral arteriovenosa (MAV) en la parte trasera región frontal izquierda, de 3 centímetros de dimensión.

La MAV es una conexión anormal entre las arterias y las venas en el cerebro. Los problemas más frecuentes son dolores de cabeza y convulsiones. Otros síntomas comunes son un ruido pulsante en la cabeza, debilidad progresiva, cambios en la visión y dolor debilitante e insoportable.

"A partir de ese momento, mi vida cambió por completo. Yo estaba viviendo en el miedo, en el desconocimiento, en la tristeza y en la angustia diaria de lo que podría ocurrir en cualquier momento".

En los casos graves de MAV, hay ruptura de los vasos sanguíneos y sangrado dentro del cerebro. Los síntomas del sangrado incluyen la pérdida de la conciencia, repentino y fuerte dolor de cabeza, náuseas, vómitos, incontinencia y visión borrosa.

Elena Artioli recorrió Italia buscando al experto que podía darle la confianza y las respuestas que necesitaba. Después de varias decepciones, lo encontró en el Dr. Edoardo Boccardi, el neurólogo jefe del departamento de neurorradiología del Hospital Niguarda de Milán. "Me dijo que en ese momento él no llevaría a cabo la cirugía ni ningún tipo de terapia, ya que era una zona demasiado grande y demasiado delgada para tratar con radiocirugía. Podría seguir con mi vida con la mayor calma posible. Sin embargo tenía que evitar cualquier actividad que pudiera provocar un aumento de la presión cerebral... Gracias a Dios, los resultados de mis resonancias magnéticas, sistemáticamente tomadas cada año en Milán, no observaron diferencias significativas en el tiempo. La última MRI se remonta al 21 de abril de 2007, para ser exactos".

Hacía más de cuatro años desde el último chequeo médico de Elena Artioli cuando ella permitió que una amiga cercana y compañera de trabajo la convenciera de ir a Medjugorje. Su amiga había descrito el lugar como un destino de serenidad interior y una gran paz.

"Eso era lo que necesitaba en ese momento. Y así, con mucha curiosidad y un poco de escepticismo, llegué el 2 de agosto de 2011 con mi madre para el Festival de Jóvenes de Medjugorje", dice Elena Artioli.

"Viví 4 días de intensas emociones. Estuve muy cerca de la fe y en oración." Se emocionó en los ascensos de los dos montes, especialmente el Monte de la Cruz donde sus ojos se llenaron de lágrimas por sorpresa después de una oración. "Son lugares de profunda paz, alegría y serenidad".

Aunque Elena Artioli había orado mucho en Medjugorje, ella no pidió nada para sí misma. "Yo siempre pensé que había gente que tenía precedencia y prioridad frente a mí y en comparación con mis problemas... Regresé a casa, con un cambio profundo en mi espíritu, con alegría en los ojos y serenidad en mi corazón. Tuve la oportunidad de hacer frente a los problemas cotidianos con un espíritu y energía diferentes. La oración se convirtió en una necesidad diaria".

Con el tiempo, Elena Artioli tuvo la conciencia de haber recibido una gracia inusual. Ella encontró el valor y decidió, después de cinco años, reservar para su prueba habitual en Milán, fijada para el 16 de abril de 2012.

"Después de la resonancia magnética, me fui con el examen para mi médico. Comparando con el último estudio de hacía 5 años, hubo una marcada reducción en el tamaño del nido vascular y una reducción general en el calibre del drenaje venoso" testifica Elena Artioli. "El encuentro con el médico, todavía en la incredulidad, mostró que el tamaño del nido vascular fue de aproximadamente 1 centímetro. Es prácticamente imposible que un MAV se reduzca espontáneamente, sin ningún tipo de tratamiento. Mi médico dice que yo soy su primer caso de esto en toda su vasta experiencia profesional, incluso en el extranjero. Una MAV generalmente crece o permanece del mismo tamaño".

Aún constatando este hecho Elena Artioli considera que su renovación espiritual es un regalo aún más grande que su curación física: "Estar sano físicamente es sin duda algo visible, tangible y realmente una gran cosa, pero reconozco más la curación espiritual interior, el camino de la conversión, la serenidad y la fuerza que ahora tengo. No tiene precio y no se puede comparar".

Los afectados por el MAV nunca disminuyen sus vasos sanguíneos. O siguen igual o crecen. La única excepción a esto es Elena Artioli. En Medjugorje.

"¿Por qué yo?"

El siguiente testimonio lo narra la vidente Mirjana en su libro: *Mi Corazón triunfará*. "Una mañana fui a la iglesia de Santiago –la parroquia de Medjugorje– para la misa y me senté en un banco cerca de la estatua de la Bienaventurada Madre. Al cabo de un rato, una italiana vino y se arrodilló delante de la estatua. Empezó a llorar y oí que susurraba: "¿Por qué, Dios? ¿Por qué yo?"

Lloró durante toda la misa y siguió repitiendo estas palabras. No sabía por qué sufría tan terriblemente, pero lloré con ella.

Cuando la misa terminó, de repente dejó de llorar. Su mirada de dolor se trasformó en alegría. "¿Por qué yo *no*?", dijo. "¡Sí! ¿Por qué yo *no*?".

Me acerqué a ella después de la bendición final. "Hola", le dije.

La mujer parecía avergonzada. "Perdóname", dijo. "Espero no haberte molestado durante la misa".

"No te preocupes. Me hiciste rezar con más fuerza".

Sonrió y miró al techo de la iglesia. "Oh, ¡este lugar! Creo que este es el mejor día de mi vida. ¿Puedo decirte por qué?".

"No tienes que pedirme permiso. Cuéntame".

"Vale. Tengo tres hijos minusválidos en casa. Vine a Medjugorje para pedir a Dios que los curara y quería saber por qué Él me ha enviado esta cruz. ¡Pero ahora lo entiendo! Lo entendí cuando estaba rezando. ¿Por qué *no debería* haberme enviado Dios esta cruz? ¡Significa que puedo llevarla! Él confía en mí y yo tengo que confiar en Él. Él me ayudará cuando sea demasiado pesada. Tengo muchas ganas de volver a casa y besar a mis hijos. Soy tan bienaventurada por tenerlos".

Empecé a llorar de nuevo. "Y ellos son bienaventurados por tenerte".

La mujer miró la estatua de la Bienaventurada Madre. "Sabes, es gracioso, ni siquiera le he pedido a Dios que los cure, como era mi intención. ¿Y sabes? Ya no necesito pedírselo".

Un milagro documentado

La historia de Colleen Willard, estadounidense, es increíble. Si no fuera por la documentación médica existente nadie la creería. He tenido la suerte de escuchársela contar a ella misma en persona con todo lujo de detalles.

Su testimonio ha sido traducido en 92 lenguas y lo han compartido más de trescientos millones de personas.

Collen trabajaba en un colegio con niños con dificultad en el aprendizaje. Llevaba varios años casada y tenía 3 hijos. Era católica aunque su fe se limitaba prácticamente a ir a la Santa Misa el domingo.

Un día no pudo levantarse de la cama pues tenía un dolor insoportable en la espalda. En el hospital descubrieron que se trataba de una hernia discal en la parte lumbar de la espalda. El disco había explotado. Necesitaba operarse urgentemente. Le prometieron que tras la terapia, en unas semanas, su vida volvería a la normalidad.

Pero no fue así. Colleen sintió que el dolor empezó a extenderse por todo el cuerpo. No era capaz siquiera de levantar la mano para tomar el medicamento. En el hospital, tras diversas pruebas, después de 10 días, le comunicaron que tenía un tumor en el cerebro.

Colleen y su marido vivían en Chicago donde hay buenísimos hospitales. Decidieron buscar otra opinión. Tuvieron cita con uno de los mejores neurólogos. Cuando éste vio la resonancia magnética dijo:

–Lo siento. Yo no la puedo operar.

–¿Por qué no? –preguntó Colleen.

–Quitar el tumor sería como sacar un chicle de una toalla de papel. Está tan profundamente en el cerebro que yo nunca había operado una cosa así antes.

Colleen no se resignó. Visitó a cinco neurólogos, los mejores. Sólo uno dijo que se arriesgaría a operar, aunque nunca había hecho ese tipo de cirugía.

Lo malo fue que su salud siguió empeorando. Tenía mucha adrenalina en el cuerpo lo cual le causaba problemas en el corazón y en los pulmones. Los médicos empezaron a hablar con claridad: no era posible operarla. El tumor estaba en el área del cerebro que controlaba el corazón y los pulmones. Cuando Colleen fue consciente de lo que ello suponía sólo preguntó al médico:

–¿Cómo voy a morir?

–Hay dos formas –le contestó–. Según vaya creciendo el tumor todo en tu cuerpo irá apagándose; o puedes morir por un aneurisma instantáneo.

Cuando Colleen regresó a su casa y la volvieron a meter en la cama sólo pudo agarrar su Rosario y pedir a sus hijos que le trajeran el crucifijo para ponerlo a los pies de su cama. Ella sólo quería mirar a Jesús crucificado. Y cuando lo miraba le dijo de corazón:

–Yo sé que no nos das nada que no podamos cargar. Tal vez no tengo fe en mi misma pero si la tengo en Ti.

Pidió a su hijo que abriera la Biblia al azar y leyera. Salió un pasaje que decía que cargar la cruz era la alegría. Ella se consoló pues pensaba: "Esto está en la Biblia. La Biblia es la Palabra de Dios. Y la Palabra de Dios no miente".

Así aprendió a unir sus sufrimientos a Jesús.

Pero su familia no entendía. Un día uno de sus hijos le dijo:

–¿Por qué Dios ha permitido que esto sucediera?

Ella sabía que sólo orando podía ayudar a su familia. El Rosario ya no se apartaba de su mano.

La situación empeoró. Todo lo que los médicos habían pronosticado empezó a cumplirse. Ya no podía salir de casa, tuvo dificultades para comer y tragar, apenas podía moverse...

Una noche, mientras rezaba el Rosario, tuvo la inspiración de acudir a una peregrinación para rezar por su familia. Pensaba que eso era lo último que le quedaba hacer antes de morir. Justo al día siguiente fue visitada por una persona que organizaba peregrinaciones a Medjugorje. Colleen, que apenas podía hablar, le dijo como pudo:

–Me encantaría ir.

El deseo de ir a Medjugorje creció de forma tan poderosa en Colleen que desde entonces todo su afán era acudir a este lugar. Para ella era claro que si iba tan lejos moriría en ese viaje tan duro. Pero quería hacerlo. Quería rezar por su familia allí. Su marido le dijo que no tenían dinero para ir. Colleen acudió al rezo del Rosario. Entonces una persona se ofreció a pagarle la peregrinación.

Pronto surgió otra dificultad: la compañía aérea exigía el permiso del médico para poder subir al avión. ¡Pero ningún médico quería extender dicho permiso! Todos lo veían como una locura y sabían que si iba allí no volvería viva. El viaje la mataría (la misma Colleen pensaba lo mismo).

Entonces Colleen se abandonó en el Señor nuevamente y rezó su Rosario. Dios puso en su camino un médico polaco devoto que le escribió la notificación requerida. ¡Increíblemente la Virgen lo había solucionado!

Colleen y su marido llegaron a Medjugorje en el año 2003. El viaje fue durísimo. A ella no le importaba. El primer día fueron a ver a la vidente Vicka. Había muchísima gente. Colleen estaba en silla de ruedas y no podía ver a la vidente. Sólo escuchaba sus palabras. Vicka en ese momento estaba contando cuando la Virgen le llevó a ella y a Jakov al Infiero, Purgatorio y Cielo tomándoles la mano. Colleen, en el silencio de su corazón, pidió a la Virgen: "Si al menos pudiera coger de la mano a la vidente sería como cogerte a Ti de la mano".

De repente escuchó estas palabras: "Un momento, un momento". Entonces entre el gentío que se iba abriendo paso apareció Vicka que se puso justo enfrente de Colleen y le dijo:

–Agradece y alaba al Señor.

–Vicka, no he venido por mi –dijo Colleen– sino por todas aquellas personas que me han pedido oración. Por favor, ¿podrías pedirle a la Virgen que respondiera a los anhelos de sus corazones?

–Sí –respondió la vidente.

Luego Vicka hizo la señal de la cruz sobre la frente de Colleen y puso sus manos sobre su cabeza. En ese momento Colleen sólo podía pensar en la presencia de Dios Padre, Dios Hijo y Dios Espíritu Santo. Sintió un calor muy fuerte, como un fuego que envolvía su cabeza.

Colleen estuvo en la Santa Misa. Antes de la consagración Colleen escuchó una voz hermosa de mujer:

–Ahora, ¿estás dispuesta a dar todo tu cuerpo y toda tu alma a mi Hijo?

–Sí –respondió Colleen.

–¿Y deseas entregar todo tu corazón y toda tu alma a Dios Padre? –siguió preguntando la voz.

–Sí, deseo –contestó Colleen.

–¿Y quieres dar todo tu corazón y toda tu alma a mi esposo, el Espíritu Santo? –añadió la voz.

–Sí, deseo –dijo Colleen.

–Ahora, hija mía, ahora sí eres mi hija.

Y cuando Colleen abrió sus ojos vio al sacerdote delante de ella trayéndole la sagrada comunión. Tuvo un encuentro muy profundo con la presencia de Dios Padre, Dios Hijo y Dios Espíritu Santo. La Virgen le enseñaba como podía entregarse más al Señor.

En ese momento Colleen dijo a su marido:

–John, por favor; ayúdame a salir de la silla de ruedas.

Y esa noche Colleen pudo caminar, andar, comer y gritar con todas sus fuerzas: "Alabado sea Dios. Gracias a Dios". Esto ocurrió el 3 de Septiembre del año 2003

Al día siguiente Colleen pudo subir al monte de las apariciones.

Al volver a Estados Unidos fueron a ver a los médicos. Todos estaban asombrados y no sabían explicarse lo ocurrido. Algunos ni siquiera la reconocieron. ¡Cómo podía andar, hablar, reír normalmente como si nada hubiera ocurrido! Un médico invitó a todos sus colegas y pidió a Colleen les contara la historia del milagro.

Le hicieron pruebas: todo estaba a niveles normales. El tumor había desaparecido y no quedaba ni rastro de él. Cuando fueron al neurólogo éste se emocionó y la abrazó diciéndole: "Es usted el tercer milagro que veo de Medjugorje".

Colleen está perfectamente a día de hoy y nadie que la viera diría que estuvo una vez al borde de la muerte, con el cuerpo prácticamente paralizado. Estuvo en Medjugorje junto a su marido en el año 2019 para ofrecer su testimonio de sanación en el festival de jóvenes.

Los videntes en la actualidad.
De izquierda a derecha: Ivanka, Jakov, Marija, Mirjana, Ivan (todos juntos)
y una foto por separado de Vicka.

OBJECIONES A MEDJUGORJE

Vamos a repasar las principales objeciones que se le han puesto a Medjugorje.

1ª Objeción: *"El número de apariciones es excesivo. ¡Más de treinta y cinco años apareciéndose! Nada que ver con las 18 apariciones de Lourdes y las 6 de Fátima...La Virgen no se aparece durante tantos años..."*

A esto contestamos:

1.-¿Quiénes somos nosotros para decirle a Dios cómo debe hacer las cosas? ¿Por qué la Virgen no puede aparecerse durante varios años seguidos? ¿Desde cuando el tiempo que duran unas apariciones es criterio para discernir si son o no verdaderas? El hecho de que en Lourdes la Virgen se apareciera solo 18 veces y en Fátima 6 no significa que esa tenga que ser la norma común. Hay otras apariciones de la Virgen que han durado más. En Laus, Francia, existen unas apariciones de la Virgen que han durado todavía más que las de Medjugorje. De 1664 a 1718 la Santísima Virgen María se apareció a Benoite Rencurel. ¡54 años de apariciones! ¿Quién le pone limites a Dios? (Las apariciones de Nuestra Señora del Laus han sido oficialmente aprobadas por la Iglesia)

2.- ¿Acaso es una molestia el que la Virgen nos visite durante tantos años? ¿Cómo puede alguien que ama a Dios y a Nuestra Señora inquietarse por este motivo? ¿No es acaso Nuestra Madre? ¿Es que no nos gusta que venga?

3.- Quizás el que las apariciones de la Virgen en Medjugorje duren tanto sea debido a la gran necesidad que tiene la humanidad actual de la presencia de nuestra Madre. Nunca como antes el pecado había sido tan justificado, tan exaltado, tan inoculado en las personas desde su más tierna edad. El mundo está lleno de mal, ¿y nos quejamos de que la Virgen esté por tanto tiempo a nuestro lado, animándonos con sus mensajes? La vidente Ivanka dice al respecto: "Hablando del tiempo y del número de las apariciones de Nuestra Señora en Medjugorje, diría que solamente nuestro querido Dios y su Madre, los que nos aman sin medida, saben lo que nos es necesario. Hay tantos corazones humanos fríos como el hielo en el mundo, tantos pecados y males por lo cual no nos tiene que sorprender tanta constancia y paciencia de la Madre de Dios". El padre Jozo, a su vez, decía hablando del mismo tema: "¿Por qué tanto tiempo de apariciones? Si supiesen ustedes cuál es mi tristeza cuando un sacerdote de Estados Unidos me cuenta que para la Pascua sólo confiesa a una familia de su parroquia... O ese otro de Buenos Aires que tiene más de 60.000 parroquianos y no confiesa a ninguno... Éstas son cosas dolorosas, pero reales. ¿Y nos preguntamos por qué la Virgen se aparece? ¿Acaso ésa es la Iglesia que Jesús deseaba y en la que vivimos hoy?... ¿Por qué entonces la Virgen se aparece? ¡Porque la necesitamos!... La Virgen María no dice nada nuevo, sólo quiere devolvernos a las fuentes. Lo nuevo es que no supimos que nos habíamos apartado de Dios, porque pensábamos que podíamos sin Él...".

2ª Objeción: *"Son muchos mensajes... La Virgen en Lourdes apenas dijo unas palabras... en Fátima lo mismo... en Medjugorje hay demasiados mensajes".*
A esto contestamos:

1.-Insistimos: Lourdes y Fátima, aunque sin duda alguna son las apariciones más importantes, no tienen por qué ser la norma común de cómo va a actuar la Virgen en una aparición.

2.-La Virgen María parece adaptarse a los tiempos modernos. La continua información dada por los medios (internet, televisión, etc..) hace que las noticias pasen rápido y se olviden en menos de una semana. Bien lo saben los políticos y empresarios, que continuamente nos bombardean con sus discursos y su publicidad, muchas veces repitiendo insistentemente las mismas ideas. ¿Por qué la Virgen, como buena Madre, en un mundo que tiende a olvidar todo lo que no es última noticia, no iba a multiplicar sus mensajes? La misma Iglesia ha actuado así. Fijémonos en el Concilio Vaticano II (vigésimo concilio ecuménico de la Iglesia Católica). Los documentos que ha producido son muchísimo más amplios (sin comparación) que toda la documentación de los diecinueve concilios ecuménicos anteriores. Los Papas han actuado igual. Todos los documentos oficiales de San Juan Pablo II llenan más espacio en páginas que todos los documentos producidos por treinta Papas de hace cuatro siglos. ¿Y eso por qué? Porque San Juan Pablo II se ha encontrado en un periodo de la historia en el que es necesario esto. ¿Es raro que la Virgen Santísima también siga la misma táctica?

3.-No es cierto que sean tantos los mensajes, como a veces se dice. Aunque la Virgen se aparece todos los días no hay mensajes diarios. Los mensajes públicos para todo el mundo solo se dan el día 25 de cada mes. Y son breves, sencillos (a veces apenas dos líneas). Todos juntos forman un pequeño libro. Nada que ver con otras supuestas apariciones de la Virgen no aprobadas por la Iglesia, donde hay mensajes larguísimos y diarios..

3ª Objeción: *"Los mensajes son repetitivos... siempre dicen lo mismo..."*
A esto contestamos:

Una madre repite una y otra vez a sus hijos lo que considera bueno para ellos, a fin de que se les grabe bien en la mente y el corazón. Explica el vidente Ivan: "Muchos nos preguntan por qué la Virgen repite siempre lo mismo, todo lo que ya sabemos, sin añadir algo nuevo. La respuesta es muy simple: María es Madre. Y toda madre repite a sus hijos lo que ella considera importante. Seguramente no existe en el mundo una madre con tanta suerte que no tenga que repetir lo dicho a sus hijos porque ellos obedecen inmediatamente. Así es con la Virgen. Como Ella es nuestra Madre, tiene que repetir una y otra vez lo que es necesario para nuestra salvación".

Si hiciéramos caso de sus mensajes quizás nos podría decir nuevas cosas. Pero si no rezamos, ni nos convertimos, ni ayunamos, ni ponemos la Confesión y la Santa Misa en el centro de nuestra vida... nos tiene que seguir insistiendo en lo mismo. A este respecto el vidente Ivan contaba una vez una anécdota que le sucedió con un amigo suyo que se quejaba de que la Virgen siempre nos está invitando a orar. En cierta ocasión este amigo, en plan de burla, le dijo a Ivan: "Ya sé el último mensaje. De nuevo: oren, oren, oren…". A lo que el vidente contestó: "Mi querido amigo yo también conozco ese mensaje. Y bien… ¿comenzaste a orar?". El otro se quedó callado, sin saber muy bien qué contestar (obviamente no se tomaba en serio su vida de oración). Ivan concluyó: "Agradezco tu respuesta; ahora sé por qué la Virgen siempre repite que recemos. Si hubieras comenzado a orar, la Virgen no tendría la necesidad de repetirlo. Si hubieras escuchado su consejo, a lo mejor diría algo nuevo".

4ª Objeción: *"Los videntes no se han hecho monjas o curas"*
Respondemos:

¿Dónde está dicho que si se te aparece la Virgen has de hacerte cura o monja? De hecho en la mayoría de apariciones aprobadas por la Iglesia no ha ocurrido así.

Quizás es providencial que justo ahora, cuando la Iglesia pide a los laicos que más que nunca asuman su responsabilidad en la Iglesia, los videntes de una gran aparición mariana sean todos laicos, estén casados y tengan hijos. Es más propio de estos tiempos en los que debe hacerse patente la llamada universal a la santidad de todo el pueblo de Dios y el valor del matrimonio cristiano y la familia.

5ª Objeción: *"El hecho de que se produzcan tantas conversiones no es criterio de autenticidad válido. Todo el mundo sabe que, en ambientes piadosos, de oración, de sacramentos, se producen vueltas a Dios y deseos de aumentar la vida cristiana"*
Contestamos:

1.-Una conversión es siempre un milagro de la gracia. Siempre ha sido uno de los principales criterios de la Iglesia para la autenticidad o no de unas supuestas revelaciones privadas. Lo llamativo de Medjugorje es que no son unas cuantas conversiones… ¡son miles y miles! Ni siquiera Lourdes (el santuario religioso más visitado al año) registra tantas conversiones.

2.-Es cierto que ciertos ambientes suelen ayudar a redescubrir o despertar la fe apagada de las personas. Pero cuando esa "conversión" ha sido motivada por ese tipo de ambientes o por algo emotivo y de simple sentimiento (como puede ser una procesión) no suele durar mucho. Lo llamativo de Medjugorje es que la gran mayoría de conversiones lo son para siempre. Los convertidos perseveran de forma estable y continuada en una vida cristiana plena y profunda.

3.-A los que piensen que esto es fácil les invito (sobre todo si son Obispos o sacerdotes) a que monten ellos mismos su propio "Medjugorje": un santuario con oraciones, Rosarios, Santas Misas, Confesiones…. Veremos si también allí se convierte la gente con tanta facilidad… veremos si acuden de todas partes del mundo para redescubrir a Dios en sus vidas… veremos si pueden contarse tantos testimonios de conversiones impactantes, de gente que estaba totalmente alejada de Dios, que odiaba a la Iglesia, y ha vuelto con humildad a la fe.

6ª Objeción: *"Estas apariciones incitan a la desobediencia. Al principio la Virgen se puso a favor de dos sacerdotes indisciplinados en contra del Obispo. Una aparición verdadera no puede ir en contra de la autoridad de un Obispo".*

Esta objeción es la que más y más se suele usar en contra de Medjugorje. Hace referencia a lo que ocurrió en el primer año, al comienzo de las apariciones. El Obispo de Mostar había suspendido a dos capellanes franciscanos por desobediencia (Ivica Vero e Ivan Prusina). En estas circunstancias una de las videntes, Vicka, consultó con la Virgen. Ella dijo que el Obispo había actuado precipitadamente: ellos no eran culpables. Cuando el Obispo se enteró de esto se puso totalmente en contra de las apariciones. Su razonamiento más o menos era éste: "Una Virgen que critica a un Obispo e invita a la desobediencia no puede ser la verdadera Virgen María". A esto respondemos:

1.- Los Obispos, según la fe católica, son los sucesores de los apóstoles. Están revestidos de autoridad por parte de Dios y todos los fieles les deben obediencia y respeto. No obstante la fe nos enseña que un Obispo no es infalible a la hora de tomar decisiones pastorales. Podría elegir mal e incluso cometer graves errores. La Virgen, propiamente, no invitó a la desobediencia. Según la vidente se limitó a comentar que el Obispo había actuado con precipitación. Y esto en un tema no doctrinal ni de moral, sino pastoral. Hacer un comentario en este sentido, con cariño y respeto, por caridad hacia sacerdotes que pueden estar sufriendo una injusticia, no es un acto de desobediencia. Es perfectamente legítimo en la enseñanza espiritual de nuestra fe.

2.-En la sana tradición de la Iglesia no han faltado personas inspiradas por Dios (cuya santidad ha reconocido oficialmente la Iglesia) que han corregido de forma mucho más impresionante a jerarcas de la Iglesia en temas pastorales, sin que esto haya sido visto como un acto de desobediencia. Por poner un ejemplo muy famoso: en el siglo XIV el Papa había abandonado la ciudad elegida por Dios para ejercer desde ella las funciones de Sumo Pontífice (Roma) y se había trasladado a Avignon (por motivos históricos que ahora mismo no viene al caso explicar). Dos grandes santas de aquella época, Santa Brígida de Suecia y Santa Catalina de Siena, hablaron de parte de Dios al Papa Gregorio XI (¡con más autoridad que el Obispo de Mostar!), de forma muy fuerte, para que volviera de Avignon a Roma. ¡Y llevaban la razón! ¡El papado acabo volviendo a la ciudad eterna! Son dos grandes santas corrigiendo al Obispo de Roma y nunca se han visto tales acciones como una señal de que su carisma profético era falso. Es más: su amor y obediencia a la Iglesia, como puede leerse en sus vidas, estaba más que comprobado.

3.- Finalmente es bueno saber que ambos sacerdotes recurrieron a Roma y, tras un proceso canónico.. ¡se les dio la razón! Roma reconoció que se les había expulsado con injusticia, sin haber sido usados los procedimientos debidos. Es decir: que el Obispo había actuado con precipitación. ¡Justo, ni más ni menos, que lo que la Virgen decía! Es cierto que uno de ellos después abandonó el sacerdocio. Pero el hecho es que se constató que el Obispo había obrado con precipitación. [15]

7ª Objeción: *"Medjugorje está rodeada de gente rara. Muy llamativo es el caso del Padre Tomislav Vlasic, director espiritual de los videntes durante los primeros años de apariciones, que intentó fundar una especie de comunidad mixta según los mensajes de la Virgen y ha acabado cometiendo faltas graves contra la doctrina católica, el sexto mandamiento…. Hasta que finalmente se le ha expulsado del estado clerical"*

Respondemos:

Son muchas las personas que se acercan a Medjugorje, o quieren fundar algo supuestamente inspirado en los mensajes de la Virgen. Algunos con acierto, otros sin acierto. Algunos manteniendo la sana doctrina eclesial, otros no. Pero esto no va en contra de la posible autenticidad de las apariciones. Es como si quisiéramos juzgar la inspiración verdadera o no de la orden franciscana por el hecho de que a veces hayan entrado en ella frailes indignos que no han sabido vivir el carisma de San Francisco de Asís o lo han tergiversado.

El Padre Tomislav Vlasic era un sacerdote de la parroquia de Medjugorje que, tras el arresto por parte de los comunistas del párroco, Padre Jozo, se ocupó de los videntes y de la parroquia prácticamente desde 1982 hasta 1985. Fue su director espiritual (el de los videntes) y, según parece, la Virgen afirmó que guiaba bien a los niños. Esto solamente quiere decir que, durante esa etapa, lo hizo bien. Desde 1985 se alejó de Medjugorje, se trasladó a Italia y comenzó a hacerle más caso a otras supuestas videntes totalmente ajenas al fenómeno Medjugorje (Agnes Heupel y, sobre todo, Estefanía Caterina). Pretendió fundar una especie de congregación basada en los mensajes de la Virgen (ayudado incluso, al principio, por la vidente Marija de Medjugorje). Pero poco a poco empezó a mezclar otras apariciones dudosas con el mensaje de Medjugorje y a mantener posiciones doctrinales y disciplinares que se alejaban del recto sentir católico. Tanto que la vidente Marija declaró públicamente que la Virgen no apoyaba los proyectos del Padre Tomislav (después se vio con claridad que el sacerdote había usado a la vidente para darse a conocer y ganar prestigio). Poco a poco padre Tomislav fue apartándose más y más de los sanos caminos. Dejó de aparecer por Medjugorje y rompió contactos. Finalmente, en 2009, fue expulsado del estado clerical y de la orden franciscana. Hoy día está embarcado en una especie de nueva religiosidad tipo "New Age" con extraterrestres y todo. Triste final para un sacerdote. Pero, lógicamente, como ha pasado en cualquier realidad eclesial, el que un miembro que iba bien al principio después se tuerza no pone en entredicho esa realidad

---

[15] Sin detenerme mucho en el tema también sería bueno señalar que al Obispo Pavao Zanic le mandaron desde Roma que no hiciera declaraciones públicas sobre su postura personal de negación de las apariciones hasta que no fueran recolectados todos los elementos que permitirían aclarar los eventos. Sin embargo, a pesar de que tal invitación le fue trasmitida por el Cardenal Franjo Kuharic, Monseñor Zanic siguió haciendo publico su rechazo en numerosas ocasiones. ¿No se le podría acusar también a él de cierta desobediencia a sus legítimos superiores?.

eclesial. Si no, ni la misma iglesia existiría. ¿O es que acaso olvidamos que Jesús eligió personalmente tras una noche de oración a Judas como uno de los doce apóstoles, que después se torció y acabo traicionándole? ¿Y por ese motivo la iglesia debe ser rechazada?

8ª Objeción: *"La Iglesia ha mostrado sus reservas hacia Medjugorje durante muchos años... por algo será. Es mejor ser prudentes"*

Por supuesto que la iglesia muestra reservas. Para los que conocen a fondo la manera de investigar unas supuestas revelaciones privadas no supone ninguna novedad. Lo mismo ocurrió en Lourdes, Fátima... Lo extraño no es que la Iglesia muestre reservas. Lo raro es que a veces, ni los fieles ni los pastores, saben colocarse adecuadamente ante estas reservas de la Iglesia. Y así, creo que sería bueno evitar dos extremos:

*Por parte de los fieles están los llamados "fanáticos de Medjugorje": personas que creen cien por cien estas apariciones hasta el punto de haber basado su fe en ellas (como si la fe dependiera de Medjugorje). Estos fieles viven con apasionamiento el fenómeno y se vuelven con rabia contra todo aquel que lo ponga en duda. Estos fanáticos no ayudan a Medjugorje. Deben aprender que ninguna revelación privada es esencial para la fe, aunque sea verdadera. Los mismos videntes de Medjugorje hablan de estas apariciones como algo innecesario si uno vive bien su fe, puesto que no revela nada nuevo. Los videntes nunca han dicho que sea necesario ir a Medjugorje para tener una fe verdadera o salvarse (algo que sí parecen decir algunas personas cercanas a este fenómeno). Los fieles deben respetar la posición prudente y reservada de la Iglesia e incluso alegrarse de que así sea. Luego, si se aprueban, se verá cuán necesaria y oportuna fue esta reserva para el bien de las apariciones. La reserva de la Iglesia es buena, ayuda a verlo todo mejor y a purificar las posibles desviaciones que se han mezclado con lo bueno en este importante acontecimiento. Hay que tener paciencia y confiar en nuestra Madre Iglesia, que es guiada por el Espíritu Santo.

Asimismo existen algunos fieles laicos que tienen la costumbre de estar siempre metidos en temas de apariciones, siempre a la caza de alguna supuesta revelación privada, basando su vida cristiana únicamente en este tipo de fenómenos. Así, mezclan apariciones aprobadas por la Iglesia con apariciones dudosas o rechazadas formalmente. Estas personas están haciendo mucho daño a Medjugorje, pues hablan de este sitio pero lo mezclan con otras realidades de muy dudoso origen. Los fieles tienen que aprender a colocar las revelaciones privadas en el lugar que les corresponde. Nosotros vivimos sobre todo y ante todo de la fe. Y la fe es creer sin ver.

*Por parte de los pastores hay que evitar el miedo y la condena de estos hechos, puesto que la Iglesia no lo ha hecho aún. Algunos pastores prohíben a sus fieles ir a Medjugorje, hablar de Medjugorje... no comprenden que se están adelantando ellos mismos al juicio de la Iglesia, que aún no ha sido emitido. Si la Iglesia permite las peregrinaciones y hablar de estos acontecimientos siempre y cuando se aclare que aún no están aprobados por la Iglesia, ¿por qué algunos Obispos y sacerdotes se atreven a adelantar el juicio de la Iglesia? Los pastores deben saber que pueden estar luchando contra una verdadera inspiración de Dios y que tendrán que dar cuenta de los frutos espirituales que por su condena precipitada puedan estar frustrando en las almas de aquellos que justamente tenían que cuidar y ayudar. Condenar hechos sobrenaturales que pueden ser ciertos puede llegar a ser una grave irresponsabilidad de la que habrá que dar cuentas a Dios. En el siglo XX hemos tenido dos casos muy llamativos en este sentido: El Padre Pío, que fue condenado e incluso suspendido por el Santo Oficio (por informes falsos de Obispos y sacerdotes) y al que después la Iglesia ha rehabilitado y canonizado convirtiéndose en uno de los santos más importantes de la Iglesia universal; y las revelaciones de la Divina Misericordia, a Santa Faustina, que también estuvieron prohibidas, y luego se han convertido en una de las fiestas modernas más importantes y que más bien espiritual hace en los fieles del mundo entero. En ambos casos algunos pastores, con un celo indiscreto, condenaron e intentaron aplastar manifestaciones del Cielo que hacían mucho bien. Otros pastores fueron más prudentes y prefirieron apoyar estas manifestaciones que tantos buenos frutos daban hasta esperar la respuesta definitiva de Roma. ¡Pastores: no condenéis ni prohibáis lo que aún Roma ni ha condenado ni ha prohibido!

9ª Objeción: No se entiende que la Virgen haya dicho que esta es la última vez que se aparece sobre la tierra. Esto ha creado, en los que creen en estas apariciones, un clima de terror apocalíptico (¡el fin del mundo está próximo!) que no es bueno para el equilibrio de la fe. Son apariciones que promueven estas actitudes extremistas…

Respondemos:

Es cierto que la Virgen dijo, al comienzo de las apariciones, que está era la última vez que se aparecía en la tierra. Pero los videntes (que son los que pueden interpretar las expresiones de la Virgen, más que nada porque tienen ocasión de preguntarle en otras apariciones sobre mensajes ya dados) nos aclaran lo que quiere decir esto. La vidente Mirjana explica: "Nuestra Señora desea expresar que éstas son las últimas apariciones con tantos videntes, que duran tantos años, con tantos mensajes, con muchas apariciones". No quería, pues, decir la Virgen que tras Medjugorje no vaya a volver a aparecerse en la Tierra.

El hecho de que algunas personas usen de modo sensacionalista o apocalíptico el mensaje de Medjugorje no significa que sea malo ni peligroso. También pasó lo mismo con las apariciones de la Virgen en la Salette y en Fátima. También pasa lo mismo con algunos párrafos de la Sagrada Escritura (sobre todo el libro del Apocalipsis)… ¿y vamos por ello a decir que la Biblia es mala? Lo que hay que hacer es explicar bien a estas personas el mensaje de la Biblia, del Apocalipsis, de Fátima… de Medjugorje. Pero claro: es más fácil negar, prohibir y condenar que estudiar, investigar y aclarar.

TODO SIEMPRE A MAYOR GLORIA DE DIOS

ESTE LIBRO FORMA UNA TRILOGÍA JUNTO A:

UNA MUJER APARECIÓ EN EL CIELO
Libro que narra las principales apariciones de la Santísima Virgen María aprobadas por la Iglesia a lo largo de los siglos.

EL SECRETO DE LAS APARICIONES DE LA VIRGEN EN FÁTIMA
Narración completa de las apariciones de la Virgen en Fátima, el mensaje que vino a traernos y todas sus implicaciones en la historia y en la Iglesia.

OTROS LIBROS QUE HE ESCRITO Y TE PUEDEN INTERESAR:

VEN A CASA
Profundiza en el misterio del amor de Dios que nos llama a ser sus hijos.

FIRMES EN LA FE
Explicación con textos de la Sagrada Escritura de toda la fe y moral católica.

CAMINO, VERDAD Y VIDA
Libro lleno de enseñanzas para la vida espiritual y el camino de la santidad.

EL ARMA MÁS POTENTE
Enseñanza del valor de la oración y cómo hacerla mejor.

RECIBE EL PERDÓN CELESTIAL
Explicación del sacramento de la Confesión para comprenderlo mejor y recibirlo con más prpvecho.

EL TESORO OCULTO
Explicación de la Santa Misa y la Sagrada Comunión para vivirlo con más fervor y devoción.

¿QUÉ HAY MÁS ALLÁ...?
Libro que explica todo lo que Dios nos ha revelado sobre el más allá: Cielo, Infierno, Purgatorio, Juicio Final...

SI NO TENGO AMOR NO SERÍA NADA
Libro que trata sobre la afectividad, el amor y el noviazgo, para saber enfocar estos temas de forma adecuada, sana y según la fe en Dios.

GLORIFICAD A DIOS CON VUESTRO CUERPO
Explicación del signigficado de la sexualidad según nos ha revelado la Palabra de Dios para conocer en profundidad cómo vivir una sexualidad santa a los ojos del Señor

CASARSE EN EL SEÑOR
Explicación del sacramento del matrimonio y la vida conyugal.

EL VALOR DE LA VIDA HUMANA
Se habla de la vida humana, el aborto, la eutanasia, las células madre...

LÍBRANOS DEL MALIGNO
Enseñanza sobre el demonio y su actuación en el mundo y en la vida de las personas

AQUELLA NOCHE EN LA CUEVA
Testimonio de la experiencia sobrenatural de Marino Restrepo, fundador de la comunidad católica "Peregrinos del amor".

Visita nuestro canal de YOU TUBE "ADJEMA" (Ad Jesum per Mariam)

y nuestra página web www.consagracionalavirgen.com

y encuentra más contenidos que pueden ayudarte

ÍNDICE

Made in United States
Orlando, FL
27 March 2024

45169526R00083